# 福祉開発マネジャーは何を開発しているのか

## 社会参加の応援レシピ

平野隆之 編著
Hirano Takayuki

# 目 次

## 序章　なぜ福祉開発マネジャー、なぜ社会参加、なぜレシピ

**1節　フィールドワークの楽しさを再現**……………………………………10
　　1　「地域再生のための『福祉開発マネジャー』養成プログラム」
　　2　フィールドワークでつかむ福祉開発の「ストーリー」

**2節　マネジャーの実像を思考様式から描く**………………………………13
　　1　マネジャーの思考様式
　　2　登場する福祉開発マネジャーの所属組織

**3節　なぜ、社会参加の応援なのか？**………………………………………15
　　1　日置真世さんとの出会い
　　2　野々村光子さんこだわりの「地域の応援」

**4節　「すぐそばの実現」にはじまる多様なプロジェクト**………………17
　　1　各章のプロジェクト紹介
　　2　プロジェクトの開発とその相互作用──思考様式の視点を取り入れて

**5節　なぜ、レシピなのか？**…………………………………………………19

**6節　本書の構成**………………………………………………………………21
　　1　第Ⅰ部のストーリー編
　　2　第Ⅱ部のレシピ作り編
　　3　終章の学び編

# 第Ⅰ部
## 福祉開発マネジャーの開発ストーリー

## 第1章 ……………………………………………………………………26
### 「すぐそばの実現」プロジェクト
### ——地域生活支援ネットワークサロン（釧路市）

はじめに……………………………………………………………………26

1節　地域生活を支えるプロジェクト開発
　　　——日置真世さんの場のマネジメントから……………………27
　　1　地域生活支援のプロジェクトの沿革—求められた「すぐそばの実現」
　　2　「たまり場システム」によるプロジェクト開発
　　3　ストーリーを生み出す「たまり場」

2節　親密関係と社会参加を生み出すプロジェクト
　　　——「コミュニティハウス冬月荘」……………………………32
　　1　「社会参加の応援」の意義－岩田正美さんの社会的排除・包摂の考え方
　　2　組織ミッションとしての「生活当事者」
　　　　——コミュニティハウス冬月荘の振り返り

3節　若者当事者参加の場のマネジメント —— Frame Free Project…………37
　　1　コーディネーターも生活当事者なのか
　　2　「フィードバック研究会（フィバ研）」という当事者参加
　　3　「探求の場」としてのFFP（Frame Free Project）の構造

おわりに——日置真世さんの福祉開発の総合化の基盤………………42

# 第2章

## 切り取らない「地域の応援」プロジェクト
## ──Team Norishiro ＋α（東近江市） ......44

はじめに ......44

1節 「地域の応援」とそのプロジェクト開発の意義 ......44
 1 「地域」を育てる放火魔の物語
 2 薪割りプロジェクトにみるストーリー
 3 野々村さんの「地域の応援」の発想

2節 「地域の応援」プロジェクト開発のチーム形成 ......50
 1 Team ○○の展開
 2 Team Norishiro の特徴

3節 切り取らない「地域の応援」のさらなる展開──3つの応援 ......55
 1 大萩基地で展開される「支援者支援（応援）」のプロジェクト
 2 地域に根差す「難病応援センター喜里」の応援
 3 フィールドワーク型研修プロジェクトの実施計画への採用

おわりに──二軸で整理する野々村さんの思考様式 ......61

# 第3章

## 叶え合う参加支援プロジェクト ── AU-formal（久留米市） ......62

はじめに ......62

1節 「じじっか」という参加拠点プロジェクト ......63
 1 「じじっか」を生み出した「かけ合わせ」の文化
 2 「じじっか」における当事者文化

2節　「叶え合う支援」の開発と普及のプロセス……………………………67
　　　1「地域福祉ロマン」の事業化デザイン
　　　2「叶え合う支援」というプロジェクトの成果報告
　　　3「叶え合う」の支援の開発と普及を支えるチーム

3節　AU-formal という参加空間………………………………………………73
　　　1　試行的な「デザイン事業」から、成果が求められる「参加支援事業」へ
　　　2「アウスメント」の提起とそのシート（編集表）

おわりに──中村流のプロジェクト・ストーリーの編集後記……………76

# 第4章
## プラットフォーム型の参加支援プロジェクト（豊田市）

はじめに………………………………………………………………………………78

1節　とよた多世代参加支援プロジェクトが生み出す＋α…………………78
　　　1　とよた多世代参加支援プロジェクト＋αという組織体
　　　2　プラットフォームとしての組織：役員＋3つの部会＋P会員の機能

2節　官民協働による複線的な支援のマネジメント…………………………83
　　　1　豊田市行政からの委託等事業の構成
　　　2　プラットフォームの3つの機能

3節　「課題持ち寄りの会議」を契機とする福祉開発…………………………86
　　　1「課題持ち寄りの会議」のマネジメント
　　　2　福祉開発マネジャーにおける戦略的な事業の活性化
　　　3　もう1つの＋α（スープなまちづくり）

おわりに──福祉開発マネジャーチームは、何を開発したのか…………93

# 第5章
## 権利擁護支援センターの自律的運営プロジェクト
## ──尾張東部権利擁護支援センター

............................................................................................................. 95

はじめに ............................................................................................................. 95

**1節　意思決定支援は、社会参加の応援** ............................................................. 96
　　1　創作レシピ作りに挑戦
　　2　「意思決定支援」をめぐる相互作用の事例

**2節　尾張東部権利擁護支援センターの自律的展開** ........................................ 101
　　1　権利擁護支援センターの自律の摸索
　　2　コーディネート機能への転換
　　3　利用促進計画策定の場のマネジメント

**3節　2期計画のプロジェクト活用による社会参加の応援** .............................. 105
　　1　2つのプロジェクトの推進の場
　　2　市民後見推進における戦略性

おわりに──国検討会に、社会参加応援の意思決定支援を提起 ...................... 107

# 第Ⅱ部
## 社会参加の応援レシピ作り

## 第6章 ...................................................... 112
### FFPにはじまる若者シェフがつくるレシピ（釧路市）

1節　見えない枠から自由になる活動－FFP ........................ 112
2節　コミュニティホーム大川の日常生活 ............................. 114
3節　ネットの居場所ポータルサイト「死にトリ」 .................... 117

## 第7章 ...................................................... 120
### 社会参加の応援レシピ作りの「課題研究」

1節　スープなまち・ハイブリットな人材づくりのレシピ〈豊田市〉 ........ 120
　　1. ケアスナック「かなかな」プロジェクト
　　2. 煮詰まらないスープな会議の運営
　　3. トヨタに負けないハイブリッドワーク

2節　里山整備が生み出す自然な味つけレシピ〈安曇野市〉 ............. 125
　　1. よそ者・若者の自治会活動への軟着陸（2014年）
　　2. ワクワクする里山整備活動への地域の巻き込み（2018年）
　　3. 下心OKのヨガ教室（2021年）
　　4. ぴかぴかに磨いた薬師堂で関係・流入人口を増やす（2022年～）
　　5.「レシピ作り」を通しての活動の振り返り

# 終 章
## 社会参加の応援プロジェクトの開発と普及のためのレシピ作り

**1節　福祉開発マネジャーたちの応援プロジェクトからの学び**……………134
 1　福祉開発マネジャーが開発したプロジェクトとは
 2　個別的対応を視野に入れたマネジャーの思考様式
 3　集合的な対応を視野に入れたマネジャーの思考様式
 4　応援団の組織化のための新たなプロジェクト：FFP と AU-formal プロジェクト

**2節　普及のための社会参加の応援レシピ**………………………………………141
 1　作成された「レシピ」が意味するもの
 2　「学び直し」のフィールドワーク・レシピ作り・課題研究
 3　東近江市でのフィールドワーク型研修へのレシピ作りの活用

**3節　社会参加の応援プロジェクトの評価をどう進めるのか**…………………145
 1　「ロジックモデル」から「レシピ作り」へ
 2　関係性の評価への挑戦──当事者ならではの料理法

**あとがき**………………………………………………………………………………150

# 序章

# なぜ福祉開発マネジャー、なぜ社会参加、なぜレシピ

## 1節 フィールドワークの楽しさを再現

### ❶ 「地域再生のための『福祉開発マネジャー』養成プログラム」

　「福祉開発マネジャー」とは、日本福祉大学大学院発の独自の名称で、2015年度にスタートした「地域再生のための『福祉開発マネジャー』養成プログラム」(大学院学び直し1年コース)のなかで用いられたことが出発点です。福祉開発等の概念は、21世紀COEプログラム(2003〜2007)において、地域福祉と国際開発の融合として取組まれた「福祉社会開発」の研究に由来しています。さらに、2017年の『地域共生の開発福祉 - 制度アプローチを越えて』(ミネルヴァ書房)では、福祉開発の順を変更して、「開発福祉」が用いられています。開発福祉の場合には、福祉の新たな資源等を新たに作り出す(develop)という「福祉開発」とともに、地域社会における人々の関係が再生され、地域経済への参加が拓かれるといった社会的な発展(develop)に力点があるといえます(穂坂光彦、i)。

　いずれの用語を選択したとしても、福祉関係の専門資格として普及をめざしているのではなく、福祉とまちづくりの融合の方法や国際協力の経験知を国内の福祉等分野に活かす人材養成をめざした実用性のある概念として提示したといえます。福祉と開発の教員が、講義・演習、そしてフィールドワークの各科目を分担しています[i]。同プログラムの2024年度の修了予定者を加えると、10年間で119名の修了者を輩出したことになります。修了後に名刺の肩書に「福祉開発マネジャー」を記し、文字どおり新たな福祉フィールドを開拓している人もいます。

　2021年度からは、図序-1のパンフレットにあるように「重層的支援体制整備事業に求められる人材の養成！」をさらに明記しました。重層的支援体制整備事業の導入(2021年度)に対応したもので、フィールドワークでは、重層的支援体制整備に有効な協働の場づくりで成果を出しているマネジャーの現場を訪問してきました。また、当初から講義科目として配置してきた「地域福祉マネジメント」についても、同年度から、重層的支援体制整備事業を

解説する教材として、平野隆之（2020）『地域福祉マネジメント - 地域福祉と包括的支援体制』を活用しています。同教材には、フィールドワークに当たる自治体の包括的支援体制整備の構築についても紹介しています。

「福祉社会開発論」「地域再生・女性の起業」（講義科目）や「支援のフィールドワーク」「調査方法論」（演習科目）がありますが、実用性においてもっとも貴重で有用なのが「フィールドワーク」と「課題研究」の科目です。本養成プログラムが10年をもって終了することから、本書は、その「フィールドワーク」を文章教材として再現することをめざして編集したものです。写真やイラスト、図解を取り入れながらも、文章で実際のフィールドにいる感覚に近い学びを提供できるように挑戦しました。加えて、それが「課題研究」

図序-1　地域再生のための「福祉開発マネジャー」養成プログラム 表紙

の充実に反映されることをめざして、「レシピ作り」を取り入れました。

最終的には、「福祉開発マネジャーは何を開発しているのか - 社会参加の応援レシピ」のタイトルのもとに、本書を編集しました。その編集は、次の5つの視点に沿った、「ストーリー」発見の楽しい作業となりました。

第1の視点は、フィールドワークでつかむ内容を福祉開発の「ストーリー」として示すことです。第2の視点は、そのストーリーにあっては、マネジャーの実像を思考様式の特徴から描こうとしました。第3は、何を開発しているのかという問いに対して、社会参加の応援を位置づけました。それ以外にも開発対象はあるのですが、社会参加の応援に焦点を当て、その具体的な内容としてマネジャーがマネジメントするプロジェクトを取り上げています。この視点が、第4に相当します。第3と第4の視点を選択した理由は後でふれます。最後の第5の編集上の視点は、「レシピ作り」を取り入れている点です。この方法は、本書をフィールドワークの事例学習上の教材にとどめるのではなく、読み手の福祉開発に関連する実践の振り返りに応用するために、「レシピ作り」を行うことで、フィールドワークの学びを自らの実践にフィードバックできる有用で楽しい作業となることを想定したものです。この点も以下で丁寧に解説します。

## ❷ フィールドワークでつかむ福祉開発の「ストーリー」

　第1の福祉開発の「ストーリー」の編集の意図には、次のような背景があります。同プログラムの実施過程にあって、プログラム履修者に福祉開発への動機を感じてもらえるようなフィールドワークをめざして、福祉開発の「ストーリー」の編集作業を行ってきた経験が影響しています。フィールドワークを企画する場合に、実はフィールドで見せたい福祉開発のプロジェクトやその推進を図っているマネジメントについて、ストーリーを現場のマネジャーとともに編集する作業に時間をかけました。その過程は、筆者の研究としてのフィールドワークにおいても意義深いものでした。ストーリーづくりの作業を研究方法として説明している文献に、『ストーリーとしての競争戦略 - 優れた戦略の条件』（東洋経済新報社）があります。著者の楠木建さんは、戦略の流れをストーリーとして描く意義を述べるとともに、次のようにストーリーを説明する人の話し方に着目しています。

　　戦略を構成する要素がかみあって、全体としてゴールに向かって動いていくイメージが動画のように見えてくる。全体の動きと流れが生き生きと浮かび上がってくる。これが「ストーリーがある」ということです。戦略がこの意味でのストーリーになっているかどうかは、内容はもちろんですが、戦略のプレゼンテーションをする人の表情や声、雰囲気にも注意して聞いていれば、一目瞭然です。そこにストーリーがあれば、その戦略をつくっている人自身がストーリーに興奮し、面白がり、実に楽しそうに戦略を「話して」くれるからです（まえがき ⅶ）。

　確かにフィールドを紹介してくれる福祉開発マネジャーが面白がって話してくれることによって、学びの方法としてフィールドワークが成立していることを実感してきました。何度も現場を訪れている筆者にとっても、フィールドワークでの訪問のたびに新たな気づきが見出されました。

　本書の「福祉開発」は、楠木さんの競合他社との違いを作り出す「競争戦略」とは競争という点では異なるものの、「違いを作り出す」といった戦略では共通しています。つまり、福祉制度（制度福祉の表現も用いています）だけでは解決できなかったニーズや社会参加に対して、異なる接近方法を作り出す戦略として「福祉開発」を捉え、そこにマネジャーとしての不可欠な役割を見出しています。

　楠木さんは、「ストーリーとしての戦略」の本領は、静止画ではなく動画にあることを強調しています。そして従来の静止画的な戦略論のいくつかを否定しています。筆者が注目した代表的な否定が、綜合化（シンセシス）が欠如した「アクションリスト」です。福祉開発のマネジメントを描くとき、つながりのない「アクションリスト」ではなく、綜合化されたストーリーとして描くことに努めました。

## 2節　マネジャーの実像を思考様式から描く

### 1 マネジャーの思考様式

　第2の視点は、福祉開発の実績の背景にあるマネジャーの思考様式への着目です。
　養成の人材像は、ワーカーでもなく、コーディネートでもなく、マネジャーとしています。Ⅰ部には多様な顔ぶれの福祉開発マネジャーの実像を描こうとしました。その記述には、ヘンリー・ミンツバーグ（2011）『マネジャーの実像-「管理職」はなぜ仕事におわれているのか』（日経BP）が大きく影響しています。同書で用いられている「マネジャーの思考様式（マネジメントを織りなす5つの糸）」（図序-2）の枠組みをもとに、実像に接近したからです。
　5つの糸は、抽象的な性格のものから取り上げると、振り返りの糸、分析の糸、広い視野の糸、協働の糸、積極行動の糸です。以下で重視するプロジェクトの開発は、「積極行動」に該当するものです。縦軸に着目すれば、思考様式の中でも最も具体的な内容に相当します。マネジャーの思考様式を深めることで、積極行動のプロジェクトに至る思考のプロセスを描くという枠組みです。なお、同書では、「マネジメントの成功と失敗を考える枠組み」と名づけられています。
　図序-2では、出発点に置かれているのがマネジャーの「エネルギー」です。これまでの福祉の枠組み、とくに制度的な枠組みを越えるにはこのエネルギーに着目する必要があります。そして、そのプロセスも含む成果の「振り返り」を描くことで、実像に接近できます。
　3つの糸の関係「分析・広い視野・協働」は、本書においてもマネジャーの実像を描く重要な循環です。ミンツバーグさんは、興味深いことを指摘しています。プロジェクトの発想や運用において必要となる柔軟性や弾力性を保つことにおいて、分析のもつ機能は判断力を助ける「論理性」にあると。また「広い視野（ワールドリー）」は、「マネジャーは誰しも、

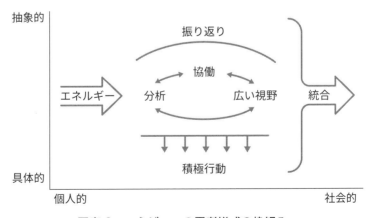

図序-2　マネジャーの思考様式の枠組み

自分自身の世界の境界で活動している。ワールドリーな（つまり、広い視野をもっている）マネジャーは、折りにふれてその境界線を乗り越えて、ほかの文化、ほかの組織、ほかの部署、そしてなにより、ほかの人の思考のなかに入り込むことを通じて、自分自身の世界をいっそう深く理解する。」(330)こうした思考の先に、「協働の糸」が登場しています。協働とは、組織内外の人々が力を合わせて仕事をするのを後押しすると説明しています。人々が本来もっているエネルギーを引き出すことにつながっています。この点は福祉開発のマネジメントにおいて極めて重要な戦略といえます。

5番目の糸が最初にふれた「積極行動」です。振り返りばかりに偏れば、「すぐそばの実現」（日置真世）は達成されないのです。しかし、行動ばかりでも視野の狭い活動や継続性のない活動にとどまってしまいます。図序-2が示すように積極行動は、社会的な使命をもちます。その意味では、福祉開発マネジャーは、流れに身をまかせるのではなく、自分自身が社会的に新たな福祉開発の流れをつくり出すことをめざす必要があります。

「織りなす5つの糸」との表現で始まった解説ですが、織りなすの役割として、図序-2では、「統合」が用意され、これまでのすべての要素が社会的に統合される必要を示しています。先の楠木さんの「綜合化」と表現されていたものが、ここでは「統合」して記述されています。

## ❷ 登場する福祉開発マネジャーの所属組織

マネジャーが活動するうえで大きく影響を与えているのが組織です。組織の名称（表序-1）は追って紹介するとして、先に紹介したミンツバーグさんの組織の類型を用いて、紹介すると6人は次のような分類となります。

表序-1 福祉開発マネジャーの所属組織等

| マネジャー | 所属組織・役職 | 所属組織の類型 | 組織の設置年 | 他の組織 |
|---|---|---|---|---|
| 日置真世（釧路） | 地域生活支援ネットワークサロン（NPO法人）代表 | 起業家型 | 2000 | |
| 野々村光子（東近江） | Team Norishiro（一般社団法人）理事 | プロジェクト型 | 2020 | 働き・暮らし応援センター長、社会福祉法人わたむきの里福祉会理事 |
| 中村路子（久留米） | umau.（一般社団法人）代表 | プロジェクト型 | 2020 | |
| 栗本浩一・山口達也（豊田） | とよた多世代参加支援プロジェクト（任意団体）事務局 | プロジェクト型 | 2020 | 栗本：合同会社P-BASE 山口：（株）SMIRING |
| 住田敦子（尾張東部圏域） | 尾張東部権利擁護支援センター（NPO法人）センター長 | 専門職型 | 2011 | |

①起業家型組織：釧路の地域生活支援ネットワークサロン（日置真世）
②プロジェクト型組織：東近江のTeam Norishiro（野々村光子）、豊田のとよた多世代参加支援プロジェクト（栗本浩一・山口達也）、久留米のumau.（中村路子）
③専門家型組織：尾張東部権利擁護支援センター（住田敦子）

なお、野々村光子さんについては、表序-1の他の組織の欄にあるように、社会福祉法人の理事でもあり、働き・暮らし応援センター長であることから同組織の立場としては専門家型となります。

またここで取り上げているマネジャーが、トップマネジャーの場合もあれば、ミドルマネジャーの場合もあります。プロジェクト型組織にあっては、プロジェクト・マネジャーという表現が適切なのかもしれません。このプロジェクト・マネジャーに該当するのが、栗本浩一さん、山口達也さんと中村路子さんです。野々村さんは社会福祉法人の、栗本さん、山口さんは所属企業のミドルマネジャーです。トップマネジャーに該当しているのは、地域生活支援ネットワークサロンの日置真世さんと、尾張東部権利擁護支援センターの住田敦子さんです。いずれの組織もNPO法人です。

## 3節　なぜ、社会参加の応援なのか？

### ❶ 日置真世さんとの出会い

福祉開発マネジャーとの出会いは、釧路市の日置真世さんが最初です。

地域生活を支える事業や活動を開発しようとする組織や活動を支援する中間組織であるCLC（1999年設立）に参加したことが、福祉開発の研究の出発となっています。2000年代を通して宅老所・グループホームやユニットケア、さらに共生ケアや地域密着型ケアの数多くある活動団体との出会いがあるなかで、釧路市の地域生活支援ネットワークサロンとの出会いが、福祉開発の研究への大きな契機となっています。

その理由は、宅老所・グループホームの活動を当時「日本版コミュニティケア」の実践として整理していたのに対し、釧路市の実践を「福祉開発のプロジェクト」として捉え直す契機になったからです。実際、地域生活支援ネットワークサロンの分析を福祉開発の視点から2013年に取り上げています（『福祉社会の開発-場の形成と支援ワーク』の第10章）。そこで取り上げたプロジェクトには、就労準備や居住支援事業にも示唆を与えた「コミュニティハウス冬月荘」、生活困窮者自立支援事業の学習支援のモデルでもある「Zっと!Scrum（ずっと！スクラム）」やインターンシップ事業を組み込んだ「地域起業創造センターまじくる」があります。これらの地域生活支援の一環として、いずれも社会参加の応援としての共通点

をもっていました。また、プロジェクトによる社会参加の「すぐそばの実現」に相当しています。それらの具体的な内容については後述します（第1章）。

CLCという略称は、Community Life-support Centerからきているとおり、支援の内容は狭義のケアを越えた地域生活の支援を豊富に捉えようとする「新たな福祉を開発する」中間支援組織なわけです。しかし、支援の方法やスキルを深めることを重視し、その共有をめざしていたこともあって、プロジェクトとして一定期間内での助成のもとで成果を生み出すというマネジメントには必ずしも関心が高いわけではなかったのです。こうしたCLCや筆者に対して大きなインパクトを与えたのが、釧路市の各種プロジェクトの実践でした。当時、地域生活支援セミナー in 釧路（CLC主催）も開催されました。

## ② 野々村光子さんこだわりの「地域の応援」

「福祉開発マネジャーは何を開発しているのか」の投げかけに対して、その答えを「社会参加の応援」に求めました。生きづらさ・生活課題を抱えることで、人生をゆたかにする社会との関係や社会への参加が阻まれている状況にあります。「制度福祉」はその社会関係や社会参加への対応に必ずしも成功していません。そこで、個々の生きづらさ・生活課題の解決そのものを直接福祉開発と捉えるのではなく、本書では社会参加を応援するための福祉開発に焦点を当てています。その理由の1つに、取り上げたマネジャーたちの実践において、社会参加の応援が共通してみられたことがあります。

もう1つの理由として、参加支援という支援概念が政策的に登場していることが影響しています。2021年度からの重層的支援体制整備事業における「参加支援事業」の導入です。しかし、この事業の推進が現在行き詰まりをみせている状況にあります。同事業における民間の創造的な取組みを行政が支援することが求められていますが、その方法が積みあがっていません。

そのようななか、東近江市での重層的支援体制整備事業の検討を契機に、当時のTeam Norishiroにおいて野々村光子さんのユニークなはたらくへの応援にこだわった実践に多くを学びました。なかでも、難病応援センターの「応援」エピソード（P.58）では、単に生きづらさ・生活課題を抱える人の社会参加の応援にとどまらず、制度からは排除される傾向にある当事者による運動を、地域とともに応援しようとする「地域の応援」に注目しました。文字どおり「当事者自らの応援の応援」という構図です。

「地域の応援」には、重層的支援として機能する参加支援の直接的な支援事業ではなく、それを支えるための体制整備を開発するという福祉開発からアプローチするねらいを込めています。「参加支援事業」を取り上げつつも、「支援」とせずに「応援」としている理由の1つといえます。

なお、この「地域の応援」に関連しては、第3章の中村路子さんは、「叶え合うまち」を福祉開発のゴールと設定しています。

## 4節 「すぐそばの実現」にはじまる多様なプロジェクト

### ❶ 各章のプロジェクト紹介

　第1部には、5つの地域での福祉開発のストーリーが描かれます。ただし、登場するマネジャーは、自らを福祉開発マネジャーと呼称しているわけではありません。福祉開発マネジャーの養成プログラムにおけるフィールドワークの対象者であることから、養成プログラムの都合上名づけたものです。しかし、同時に福祉開発としての実体を描こうとするなかで、象徴的な表現として「プロジェクト」を取り上げ、それを生み出すマネジメントを発揮しているストーリーを通して、福祉開発マネジャーとして扱うことの妥当性にたどり着いています。その解説は、終章の総括的な福祉開発ストーリーからの「学び」のなかで深めています。

　第Ⅰ部の5つの章のタイトルには、福祉開発の象徴としてのプロジェクトをあえて登場させています。第1章では、「すぐそばの実現」プロジェクト（釧路市）となっています。第2章では、切り取らない「地域の応援」プロジェクト（東近江市）として、地域に蓄積あるいは波及するプロジェクトを扱っています。

　第3章と第4章では、重層的支援体制整備事業の「参加支援事業」の受託を契機としている点に着目しつつ、それの受託範囲を越えるプロジェクトとして、第3章の叶え合う参加支援プロジェクト（久留米市）、第4章のプラットフォーム型参加支援プロジェクト（豊田市）をタイトルとしました。

　第5章は、権利擁護支援センターの自律実現的運営プロジェクト（尾張東部圏域）です。とくに成年後見制度利用促進計画の策定プロセスをプロジェクトとして扱っています。権利擁護支援は社会参加支援だ、との支援理念に根差した自律志向です。

　第1章の「すぐそばの実現」に端を発したプロジェクトが、全体を覆っています。マネジャーの思考様式、とりわけ「振り返り」は重要ですが、そればかりに偏れば、福祉開発は達成されないことになります。また、「福祉開発」の内容は、思考様式が強調されると抽象的な記述が多くなり、読み手に地域での応援実践のリアリティが伝わらないのも懸念材料です。そこで、Ⅰ部の各福祉開発のストーリーを、具体的なプロジェクトから始めてみました。

### ❷ プロジェクトの開発とその相互作用 ── 思考様式の視点を取り入れて

　プロジェクトとは、モノ・サービス・結果を作り出す目標達成のために企画された時限的な作業・活動と言われます。本書では、**プロジェクトの目的**として「**社会参加の応援**」を設定していることから、多様な参加の機会の「**場**」があり、応援のプロセスに参加する主体（当事者）と応援する主体との間での「**合意形成**」があり、そして次の参加へと「**波及の芽**」の発見が生まれる点をつけ加えています。なぜなら、プロジェクトとして目的達成が重視され

ることで、利用者あるいは参加者からみれば、**非日常的な「場」**への参加が求められる場合が少なくないからです。とくに社会参加の場が日常活動とかけ離れていては、社会との関係も持続しない結果となってしまうのです。このような日常活動との連続性をもち、主体的な参加を取入れたプロジェクトでは、マネジメントを担う「**組織ミッション**」も、そのような日常活動に根ざした当事者性や社会参加の高い質をめざすものであることが求められます。

　それら3つの関係を示すと図序-3の外側の循環（ABC）となります。そしてプロジェクトが福祉開発として取組まれるのは、これまでの制度福祉が内包する制約（制度福祉の制約）との関係において開発的な働きかけであることからDを設定しています。

　制度福祉の制約（D）に対応して、福祉開発は多様なプロジェクトの実験によって、社会参加を実現します（A）。これは思考様式の積極行動に相当します。また、福祉開発は、プロジェクトを開発 (develop) する場の創出を担うことから、プラットフォーム（B）を生み出します（思考様式の協働）。これらの開発を支える組織には、さまざまな理由から社会参加が妨げられている人々の参加実現を推進するミッション（C）をもつとともに、参加経験の先の自己実現に向けたミッションを発展 (develop) させます。この発展は、思考様式全体を社会的な使命のもとに「統合」する役割を果たしています。

　ABCの相互の作用は、プラットフォームの場でプロジェクトが生みだされ、その成果が組織にフィードバックされるという波及では、B⇒A⇒Cの関係が成り立ちます。新たな組織ミッションに基づき、マネジャーによる協議の場での共有が進む関係のもとでは、C⇒B⇒Aという順序で新たなプロジェクトが生まれます。

　なお、以下のストーリーの記述において、このような枠組みを先行させるのではなく、現場で用いられるプロジェクトの多様な用法に根差したものを本書は出発点としています。ただし、現場発のプロジェクトの実際を踏まえてもこの枠組みが妥当するかどうか終章で検証してみることにします。

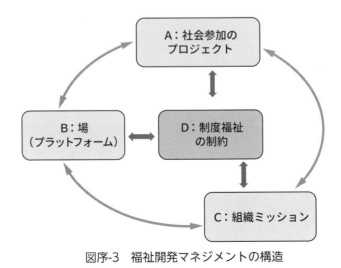

図序-3　福祉開発マネジメントの構造

## 5節　なぜ、レシピなのか？

　本書の「福祉開発マネジャーは何を開発しているのか」の問いの投げかけに対して、その答えをサブタイトルにある「社会参加の応援」に求めています。そして、その内容を一方でストーリーとして、他方でレシピとして描こうとしています。後者の試みは、前者の新たな福祉開発のストーリーの流れをつくり出すなかにも、重要な要素を「具材（材料）」として、「レシピ風」に表現しています。このレシピの選択は、同養成プログラムのフィールドワークのオンライン講義に参加してくれた日置真世さんの『日置真世のおいしい地域づくりのためのレシピ50』（CLC）の発想をもとにしています。

　まず、日置さんの『レシピ50』から、「レシピ46」を見てみましょう。「レシピ46」は、釧路市の自立支援プログラムをめぐるワーキンググループの場での対等な議論をめぐるレシピと言えるものです。材料（分量）の記述をみると、材料：国のモデル事業1つは、国の補助事業である「母子世帯の自立支援モデル事業」を意味しており、そのワーキンググループの場での「自立」をめぐる捉え方を表現した材料が、「自立」をめぐる意識のギャップ適量という表現です。その合意形成の試行錯誤を料理の方法としてたとえたものです。

　料理上のコツでは、新たな母子世帯の自立支援のプログラムを構想するためのプロジェクトの場にあって、官民協働を展望するなかで、必要となる「協働の手応えを共有・共感できる行政職員　数人」＋「本気になった事業担当者　1人」を手がかりにしつつ、「地域のきびしい現実　たくさん」という香辛料がどこまでプログラムの味つけに反映されることになるのか、この場のマネジャー（料理人）の手腕となります。

　同書のなかでは、現場でのリアリティある料理方法の面白さとその意義がふんだんに紹介されています。本書においてレシピを採用している理由には、マネジャーが担う「福祉開発」を定義づけ、その内容について多くの紙数を割き、理解を促進したからといって、

### 釧路市の自立支援プログラム

**材料（分量）**

| | |
|---|---|
| 協働の手応えを共有・共感できる行政職員 | 数人 |
| 国のモデル事業 | 1つ |
| 本気になった事業担当者 | 1人 |
| 「自立」を巡る意識のギャップ | 適量 |
| 地域のきびしい現実 | たくさん |

**料理上のコツ**

意図せず調達された「国のモデル事業」と担当者の存在によって料理のベースはできあがりました。問題は味つけ。最大のポイントは「自立」を巡るさまざまな意見でした。それでも、地域のきびしい現実を少しでもおいしい料理にするために、試行錯誤は続くのです。

『日置真世のおいしい地域づくりのためのレシピ50』（2009年　CLC　p.260）

その定義を現場に活用できるような操作可能なものに置き換えられないことを、この数年の学び直しの講義科目のなかで気づいてきたことがあります。

日置さんの"おいしい本"に刺激を受けながら、実際に活用可能な方法を示してくれる料理の本、つまりレシピを採り入れて、福祉開発によって「難題を料理する」方法についてのレシピ作りに行きつきました。では、本書の特徴をなすサブタイトルの「社会参加の応援レシピ」を作成することが、なぜ福祉開発において必要となるのでしょうか。さしあたり、次の3つの活用のねらいを示しておきます。詳細は、終章でふれます。

1つは、なぜ福祉開発を試みるのかが明確になる理由です。福祉開発を試みる**「前提」**の確認となります。地域のなかで実現される社会参加の応援におけるマネジャー（シェフあるいは料理人）の考えや実践のねらいが、抽象的ではなく、具体的に表現されます。とくに「料理のコツ」を記述するうえで、実践の試みやねらいが明確となります。第Ⅰ部の社会参加の応援をめぐる全体ストーリーと比較すると、ストーリーにおいて乗り越えないといけない各局面での福祉開発の必要（ニーズ）や難題（イッシュー）を前提に焦点を当てることで、次に示す具材や調理方法の明確化が進みます。

2つは、レシピにはどのような具材（たとえば、登場人物）を用いるのか、どのような味つけ（対立点の記述や意見の相異、登場人物の持ち味を活かすのか）をするのか、どの程度の火加減（支援者として刺激や関与するのか）にするのかといった比喩・メタファーを用いるなかで、大胆で明確な意図や現場で応用可能な方法が表現されます。また登場人物等の状況や関係性も、さまざまな形容によって明確となります。レシピ46の例での形容は、「本気になった」「意識のギャップ」「地域のきびしい」がそれにあたります。

**レシピ作りの「基本」**の部分です。基本としては、①具材・材料の選択・分量と②調理方法（手順・時間・タイミング）の2つに分かれます。レシピ46の例では、「地域のきびしい現実」は具材に相当し、「料理のコツ」にある「問題は味つけ」は調理方法です。

3つは、自前のレシピで作った料理の味見をした**「結果」**（の評価）は、レシピそのものにはあらわれないのですが、「基本」の部分の形容の表現にあらわれます。レシピ作りは一般的には、実践の「振り返り」に活用するものです。その意味では、レシピ作りの「前提」や「基本」を記述することで、振り返りの深さ、つまり**「評価」**があらわれます。先の具材や登場人物はある種の「地域のアセスメント」の結果、料理人の具材や調理方法の選び方が見えてきます。当時のアセスメントを評価的に捉える機会ともなり、次の実践への示唆（「料理のコツ」にあらわれます）を得ることにつながります。その際には、社会参加の応援という文脈のなかでのアセスメントですので、参加支援において孤立や生きづらさを抱える人の主体性を阻んでいる状況の把握や見立て、さらには当事者の参加の扱いの結果が、どのように表現されるのかが現在時点から再度問われることになります。その効果が次のプロジェクトを開発するうえで有効となります。

## 6節　本書の構成

　本書は、序章、終章と2つの部（7つの章）から成り立っています。第Ⅰ部は、5つの地域のマネジャーが取組む福祉開発のストーリーです。ストーリー編として5つの章で構成されています。それぞれのマネジャーからの情報提供をもとに筆者が全体を執筆、編集しました。なお、一部の箇所において、マネジャーの方に執筆協力をいただいたところがあります。本文中で触れています。第Ⅱ部は、レシピ作り編で、2つの章が含まれます。3名の方に執筆をお願いしました。終章は、第Ⅰ・Ⅱ部からの福祉開発マネジャーの実践からの学び編です。第Ⅰ部の開発性や戦略性のあるストーリーからの学びを整理するとともに、第Ⅱ部の2つの章では「レシピ作り」が試みられています。福祉開発マネジャーをめざす方が自らの実践を振り返る際に、レシピ作りを活用することができるように、そのための要点を整理します。なお、この序章は、3つのなぜ編になります。

### ❶ 第Ⅰ部のストーリー編

　5つの章は、表序-2のような構成をとり、登場するマネジャー、開発しているプロジェクトを総称するタイトル、そして福祉開発のストーリーを説明するうえで不可欠な現場発のキーワードを列記しています。独自性の強いキーワードも多くみられますが、福祉開発を実践するうえでのミッションともなりえる内容が見出されています。

表序-2　第Ⅰ部の構成と登場するキーワード

| 第Ⅰ部 | 登場マネジャー | タイトル<br>（サブタイトルは省略） | 現場発のキーワード（4つ） |
|---|---|---|---|
| 第1章 | 日置真世<br>（釧路） | 「すぐそばの実現」<br>プロジェクト | 生活当事者、すぐそばの実現、場づくりシステム、FFP |
| 第2章 | 野々村光子<br>（東近江） | 切り取らない「地域の応援」<br>プロジェクト | 切り取らない、働きもん、応援団、アイテム |
| 第3章 | 中村路子<br>（久留米） | 叶え合う参加支援<br>プロジェクト | じじっか、AU-formal、叶え合う、アウスメント |
| 第4章 | 栗本浩一・山口達也<br>（豊田） | プラットフォーム型の参加支援プロジェクト | プラットフォーム、ダイバーシティ、課題持ち寄りの会議、民民協働 |
| 第5章 | 住田敦子<br>（尾張東部） | 権利擁護支援センターの自律実現プロジェクト | ゆたかに生きる、意思の表明・実現、市民後見人、自律的運営 |

### ❷ 第Ⅱ部のレシピ作り編

　3つのタイプのレシピ作りが挑戦されています。第6章では、日置さんによるこれまでの50レシピと同じ形式での書下ろしです。若者たちが主体となって作るレシピということで、「FFPにはじまる若者シェフがつくるレシピ」と題して3種類のプロジェクトを扱ってくれ

ました。

　第7章は、福祉開発マネジャーをめざす方におすすめの「レシピ作りの課題研究」の見本に相当します。1節では、豊田市松平・下山地区で展開されている「スープなまち・ハイブリッドな人材づくり」に関係するレシピです（山口達也さん）。山口さんは、本養成プログラムにおけるフィールドワークを受け入れてくださった、中間マネジャーの立場ですが、養成プログラムの最終試験にも相当する「課題研究」として、レシピを書き下ろしてくれました。第4章でのとよた多世代参加支援プロジェクトの内容ともパラレルな福祉開発的なレシピとなっています。

　2節は、「地域再生のための『福祉開発マネジャー』養成プログラム」の2020年度履修の丸山健太さんが、住まいのある安曇野市明科の清水地区での里山整備活動に見出される福祉開発を、課題研究の続編として取り組んでくれました。JA長野厚生連のあづみ病院のケアマネジャーとして働くかたわらでの、里山整備活動の実践に相当します。同プログラムの修了当時の「課題研究」で扱ったテーマに、その後の新たな展開を加え、またレシピ作りによる視点が加えられています。「自然と芽生えた戦略性のあるストーリー仕立て」の局面ごとに、自然な味付けによる4つの「レシピ」が完成しました。振り返りと展望のバランスが難しかった「課題研究」から、楽しく振り返り、楽観的にあしたを描く「課題研究」への転換が進みました。

　現在の養成プログラムにおける「課題研究」では、レシピ作りを推奨しているわけではありませんが、今年度で数名の方が挑戦しています。本書を作成する過程で、内容を紹介する機会もあって、先行した課題研究への挑戦といえます。本養成プログラムを受講した中間マネジャーの方が、自らのリフレクションのために「レシピ作り」に取り組むことの意義について、実感しているところです。

表序-3　第Ⅱ部の構成

| 第Ⅱ部 | 執筆者 | レシピ |
|---|---|---|
| 第6章 | 日置真世（釧路） | FFPにはじまる若者シェフがつくるレシピ　3点 |
| 第7章 1節 | 山口達也（豊田） | スープなまち・ハイブリッドな人材づくりレシピ　3点 |
| 第7章 2節 | 丸山健太（安曇野） | 里山整備が生み出す自然な味付けレシピ　4点 |

### ❸ 終章の学び編

　終章は、まとめの章として、序章、第Ⅰ部と同様に平野が執筆しています。第Ⅰ部の福祉開発マネジャー達の戦略性や開発性のあるストーリーに学び、福祉開発に求められているマネジメントの方法を整理します。すでに紹介したように組織の成り立ちも異なるものの、開発したプロジェクト内容を「社会参加の応援」に設定したこともあり、いくつかの共通点が見出されています。また、プロジェクトが生まれる「場」やプラットフォームの形成においても類似性がみられます。また組織のミッションにおいて表現が異なるものの、当事者主体や参加、市民活動や権利擁護といった中核的な考え方が通底しています。

また、第Ⅱ部で実践を振り返る「レシピ作り」の実際をもとに、福祉開発マネジャー（養成）のためのフィールドワークを学ぶ人が、福祉開発の視点を採り入れた「レシピ作り」の方法を学び、身につけられることができるような解説を加えています。社会参加の応援プロジェクトには、料理長とともに、多くの料理のお手伝いスタッフ、多くの具材や料理道具も必要です。また味見する人の参加が多くないと、おいしい料理に仕上げる動機が高まりません。「レシピ」にたとえる教材開発を通して、わかりやすい福祉開発を解説する挑戦の書としても受け止めてくだされば幸いです。

**引用文献**
楠木建（2010）『ストーリーとしての競争戦略 - 優れた戦略の条件』東洋経済
日置真世（2009）『日置真世のおいしい地域づくりのためのレシピ 50』CLC
平野隆之・日置真世・高橋信也（2013）「福祉からまちづくりへ：釧路での試み」穂坂光彦・平野隆之・
　朴兪美・吉村輝彦編著『福祉社会の開発 - 場の形成と支援ワーク』（ミネルヴァ書房）
穂坂光彦（2017）「はじめに」日本福祉大学アジア福祉社会開発研究センター編『地域共生の開発福祉
　- 制度アプローチを越えて』（ミネルヴァ書房）
ヘンリー・ミンツバーグ．池村千秋訳（2011）『マネジャーの実像 -「管理者」はなぜ仕事に追われているのか』日経 BP 出版

---

[i] それぞれの科目と担当教員は、以下の通りです。講義科目は、福祉社会開発論：平野隆之、地域再生・女性の起業：野田直人・野田さえ子、地域福祉マネジメント論：平野隆之。演習科目は、支援のフィールドワーク：小國和子、調査方法論：田中千枝子、フィールドワークは、平野隆之・吉村輝彦、課題研究は、全教員。

# 第Ⅰ部 福祉開発マネジャーの開発ストーリー

# 第1章

# 「すぐそばの実現」プロジェクト
## ——地域生活支援ネットワークサロン（釧路市）

## はじめに

　日置真世さんは、自分のことを「所属は地域」、そして肩書は「地域コーディネーター」といつも語っています（序章で紹介したレシピ本　P.19）。でも、本書では、福祉開発マネジャーとして日置さんを描こうとします。しかも、福祉開発マネジャーが取り組むプロジェクトやマネジメントの輪郭を示そうとする第1章においてです。

　序章に紹介したレシピ46の材料を見ていると、ワーキンググループのなかで「自立のギャップ」を解消するコーディネート機能を担っているように見えます。しかし、このワーキングと同時に母子家庭支援のプロジェクトを実験的に試みてもいるのです。つまり、意識のギャップが埋まらない場合には、その代替的あるいは補完のプログラムを開発することになります。「すぐそばの実現」が求められ、それに日置さんは対応したのです。ある局面としては、コーディネーターとして機能したとしても、長い実践の連鎖のなかで、マネジャーへと展開し、福祉の開発プロジェクトによる課題解決をめざしているのです。

　継続的に福祉制度のプログラムとそれを越えるプロジェクトを用いて、対象を切り取らない立場から一貫して「生活当事者」の社会参加の基盤を整備してきました。それを支える組織ミッションに、当初の「市民活動」に加えて、「権利擁護」を採り入れています。その背景には、若者の人権への侵害とその回復への長い闘いのストーリーがあります。若者の安定した居住と社会への帰属を確保する社会参加とを一体的に推進してきた25年間におよぶ実践が提起するものを学ぶことにします。とくに「持ち込まれたニーズ」に「フレームフリー」な解決をめざす方法に、新たな福祉開発のアプローチを見出してください。

# 1節　地域生活を支えるプロジェクト開発
## ——日置真世さんの場のマネジメントから

### ❶ 地域生活支援のプロジェクトの沿革 —— 求められた「すぐそばの実現」

●地域生活支援のプロジェクトの沿革

　地域生活支援ネットワークサロンは、制度福祉としての障害福祉事業を担うとともに、一貫して当事者参加の視点、また当事者の範囲を障害をもつ当事者に限定することなく、生きづらさを抱える「**生活当事者**」の考え方が根づいています。そして、この25年間の実践で取り組まれているプロジェクトには、福祉開発の視点やその実現のためのマネジメントが豊富に見出されます。

　NPO法人のプロジェクト開発の沿革の25年は、6期の段階を経て今日に至っています（図1-1）。この6つの時期を通じて、制度活用の事業、モデル事業（プロジェクト）、自主事業（プロジェクト）の3つの種類の事業を組み合わせるなかで法人組織の経営面から持続性を確保してきたといえます。上記の沿革の事業の予算規模の変遷をみても、制度活用による事業の実施の規模が大きく影響していることがわかります。

　1期～2期の当初では制度福祉の事業を実施するために立ちあげた組織ではなかったのですが、課題への対応として制度による事業を担ってきたといえます。そのための情報交換等の協議の場を行政との間でもってきましたが、制度による事業が増えるなかで行政機関との手続き上のやり取りが多くなり、新しい課題を協議する場は少なくなっています。居宅介護、通所サービス、移送サービス、グループホームなどのサービス提供の事業比率が高くなり、対外的にネットワークサロン＝障害児者の居宅サービス事業所という印象が強くなりました。日々の事務的な業務に追われて、発信や啓発、提案的な地域づくりの取組みはなかなかできない状況が生まれたのです。

　3期では、障害児者への在宅サービスの創出はいったん落ち着き、制度福祉以外の関係者（教育、まちづくり、地元企業など）とのつながりも広がり、「コミュニティハウス冬月荘」を生み出します。釧路市役所生活福祉事務所との連携でスタートした自立支援プログラム、農作業の拡大、岩盤浴の運営などと福祉の枠組みだけではなく、広い視野で地域づくりが模索されます。さらに4期には、雇用情勢がきびしい釧路で、事業規模が5億円を超え、北海道でもっとも大きな事業型NPO法人として新規事業を通して雇用を生み出し、困窮者などの当事者の活躍の機会を増やすなど「地域」を支える事業体として運営を継続しています。

　5期および6期は、制度事業が法人内でも地域内でもどんどん増えていき、在宅サービスが当たり前に選んで使える状況にもなり、職員が退職して、起業することも増え始めました。開発的なモデル事業が終わったことで、法人内の事業は制度事業の割合が高くなり、同時に地域で障害福祉サービスが次々立ち上がり、福祉サービスは一気に市場化しました（福祉の

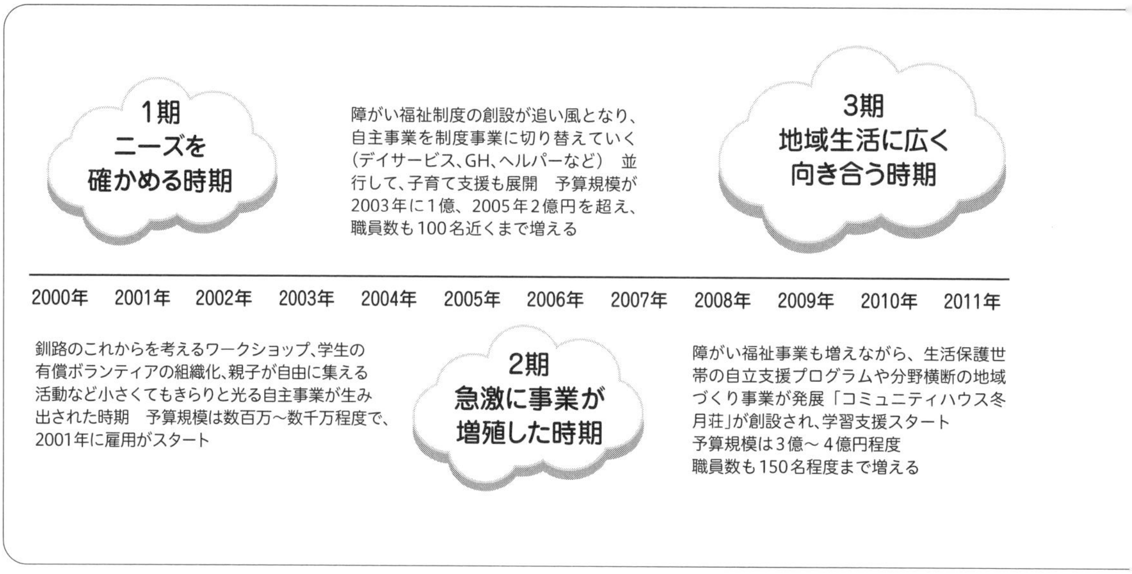

```
    1期                 障がい福祉制度の創設が追い風となり、           3期
  ニーズを               自主事業を制度事業に切り替えていく         地域生活に広く
  確かめる時期             （デイサービス、GH、ヘルパーなど） 並        向き合う時期
                        行して、子育て支援も展開　予算規模が
                        2003年に1億、2005年2億円を超え、
                        職員数も100名近くまで増える

2000年  2001年  2002年  2003年  2004年  2005年  2006年  2007年  2008年  2009年  2010年  2011年

  釧路のこれからを考えるワークショップ、学生の                障がい福祉事業も増えながら、生活保護世
  有償ボランティアの組織化、親子が自由に集える     2期        帯の自立支援プログラムや分野横断の地域
  活動など小さくてもきらりと光る自主事業が生み    急激に事業が     づくり事業が発展「コミュニティハウス冬
  出された時期　予算規模は数百万〜数千万程度で、   増殖した時期     月荘」が創設され、学習支援スタート
  2001年に雇用がスタート                               予算規模は3億〜4億円程度
                                                   職員数も150名程度まで増える
```

図1-1　地域生活支援ネットワークサロンの沿革
資料）地域生活支援ネットワークサロン提供

市場化）。そのなかで、地域のニーズに基づく事業を継続することの困難が広がっていきました。再出発を図る6期は、原点回帰にあたり、これからの時代の地域生活総合マネジメントを模索する時期に相当しています。

## ❷「たまり場システム」によるプロジェクト開発

　行政との協議の場に限定されることなく、こうしたプロジェクトが生み出される場として、日置さんが開発した「たまり場システム」があります。とくに、期限つきの助成資金を用いた実験的なプロジェクトに着手するための申請に応募する契機として、このシステムが有効に作用しました。以下では、『福祉社会の開発−場の形成と支援ワーク』（ミネルヴァ書房）に掲載された解説を引用（一部加筆修正）しておきます。

①たまり場において「聴くこと」

　多様な人たちが集まる、出会う機会でとくに重要なのは「聴くこと」です。参画者の思いや願いを聴く雰囲気や存在がなければ、システムは機能しないし、人も主体的に集まってきません。特別な聴くための専門職が必要なのではありません。参画者が相互に聴くことができる場を保障することができれば、多様な聴き役が活躍できます。

　聴くことは同時に話すことと一体化して機能します。一方的に聴くのではなく、聴く人が自らを解放し、自分の思いや経験を語ることによって関係性が構築され、聴き合い、話し合うことが可能となります。

> **5期**
> **福祉市場の拡大で**
> **基本を見直す時期**

不況や失業の深刻化を背景に雇用創出や
地域づくりのモデル事業に着手
障がい福祉事業もさらに増え、
コミュニティビジネスのモデルとなる
2011年以降は5億円を超え、拠点数20か所以上、
職員数も200名あまりとなる

そろそろ多様な担い手が支えあう
地域づくりをめざす時期かも…

多様な人材が協力し合う現場として体制の再編成
コミュニティホーム大川、ネットの
居場所ポータルサイト死にトリなどが創設
予算規模は3億円前後
職員数は100名程度で多様な個性や
働き方が広がる

2012年 2013年 2014年 2015年 2016年 2017年 2018年 2019年 2020年 2021年 2022年 2023年 2024年 … 7期

> **4期**
> **地域セーフティ**
> **ネット作りを**
> **模索する時期**

職員の多様な独立が相次ぎ、結果として
制度の隙間や制度が未整備の分野の事業が残る
若者たちの当事者活動が根付き始め、
多様な若者たちが担い手となり始める
予算は4億円くらいで、
徐々に人・拠点・予算規模も減る

> **6期**
> **時代に合った**
> **地域作りを**
> **再構築する時期**

### ②参画者の声をきっかけに「すぐそばの実現があること」

聴くことは大事であるが、聴きっぱなしのたまり場システムではすぐに行き詰まります。聴いたことを目に見えるような形にする、つまり「実現化する」ことが重要なのです。しかも、すぐに実現しなければなりません。冬月荘の勉強会（Zっと！Scrum）に参加した中学生が「ここには、すぐそばに実現があるから、自分の意見を言ってみよう、何かをやってみようと思える」と語ったことが象徴するように、参画者の発信を聴き取り、それをリアルタイムで実現化することによって場の力は高まります。参画者の聴き合う、実現を協力し合うという相互作用が促進され、たまり場の課題を発見する力、その課題を整理する力、そして解決する力が高まるという好循環が生まれます。

### ③たまり場を「恒常的、継続的なもの」へとするマネジメント

たまり場システムが地域づくりを促進化するためには、イベントのような一時的な広い間口から日常的に地域課題をもち込むことができ、活動が継続できるような恒常的な事業化への展開が重要となります。恒常的なたまり場は多様な人たちの参画機会と活動主体となる可能性を広げます。継続的な事業化にはそれなりの財源や人材の確保が必要となるため、マネジメントなど組織運営体制が必要になります。

### ④たまり場を運営するための「柔軟に動ける組織」の存在

③のたまり場の恒常的な事業化にとっても運営する組織の体制や性質、マネジメント手法が問われます。それには、たまり場の基本システムを生かすための柔軟性が求められます。たまり場には絶対的な正しさはなく、参画者の主体性によってその時、その場なりのあり方を常に追求し続ける姿勢が求められます。よって、既成概念や固定化された価値観をもちこ

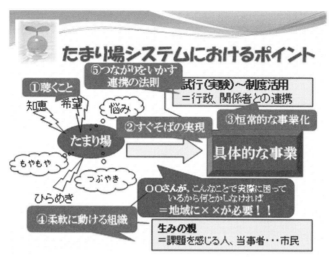

図1-2　たまり場システムの運営方法
資料）図1-1に同じ

むことは場の創造性を妨げます。たまり場を運営する組織はそうした重要性を理解し、促進しなければならないため、組織自体がこれまでの発想や価値観から解放され、構成員が自分らしさを発揮し、自由に創造的に動けるような体制を備えている必要があります。

**⑤取り組みに際してはいろいろな場面で「つながりをいかすこと」**

たまり場システムが地域的に広がっていくためには、課題の解決プロセスでいかに、自己完結せずに周囲へ助けを求めたり、知恵や協力を仰いだり、つながりを駆使し、広げるかがポイントとなります。地域において「連携」が重要であると言われて久しいのですが、理念を唱えたり、会議で集まったりしたからといって「連携」ができるわけではありません。本当の意味での連携は、リアルな困り事を共有し、それぞれの力量や限界を理解し合い、駆使し合うことによって構築されます。

### ❸ ストーリーを生み出す「たまり場」

「たまり場システム」を地域生活支援ネットワークサロンの事業展開のなかに取り入れて説明したものが、図1-3の4つの役割といえます。モデル事業や自主事業、制度活用といった成果が木の実として、土壌の部分にある「もやもや」や「つぶやき」を肥料として扱われています。この肥料がたまり場システムの①たまり場において「聴くこと」に相当し、幹を上って木の実を付けるためのベクトルが、役割1の地域ニーズの発掘に相当します。

役割2は、地域ニーズをもとに、自主・モデル事業や制度事業の委託等による「事業として実現化」に相当します。プロジェクトによる「すぐそばの実現」がモデル事業や自主事業として着手されることを意味します。役割3では、個別ニーズの支援として進む事業を地域に潜在する多様な課題と結びつけるマネジメントが、「事業の社会化」と表現されています。

事業に付加価値として地域への貢献を付加します。とくに雇用機会の創出が求められる釧路地域の状況に対応した事業の社会的作用を意識したマネジメントが展開されます。

その代表的なプロジェクトが、3期にみられた「**コミュニティハウス冬月荘**」です。使われなくなった社員寮を再利用し、持ち込まれる多様なニーズに基づいて集いの場づくり、仕事づくり、複合型の下宿事業を展開する多機能拠点を開発します。その成果は、役割4に含まれる「法人事業へ還元」と「地域や社会へ循環」を意味するベクトルへと波及します。

制度福祉のジレンマを乗り越えるため、必要な人ならだれでも使える、対象者を限定しない「福祉のユニバーサル化」と、一方的に支援する人される人といった関係性ではなく、誰もが活躍する機会を得ることができる「循環型の支援システム」の2つのコンセプトのもとに、その後の法人事業が展開されます。

そのようななかで、4～5期には、釧路の地域経済の衰退もあって、就労支援に特化したプロジェクト「地域起業創造センターまじくる」を生み出します。「まじくる」は、内閣府の地域社会雇用創造事業を活用し、求職中の人たちが6週間を1クールとして参加型の相互学習や企業への実地研修を通して、就職活動と同時に地域の仕事づくりやネットワークづくりにもつなげるモデルのインターンシップ事業です。事業面では、複数の領域にわたって悩み事を抱える人たちに総合的、継続的に寄り添って相談支援を行うパーソナル・サポート・サービスモデル事業という相談事業にも着手します。このような経緯を経て、生きづらさを抱えた若者の支援に関する事業の開発と若者自らの研究会活動が進みます。

パーソナル・サービスの支援理念が定着するなかで、5期には従来の援助関係としての関わり合いではなく、若者同士が相互に高め合い学び合う関係の質を改めて問い直すための機会が増えてきます。自分を振り返り、言語化する研究会として「フィードバック研究会」が

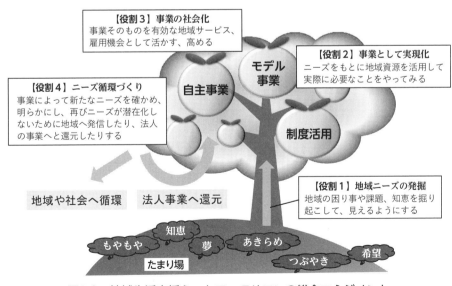

図1-3　地域生活支援ネットワークサロンの総合マネジメント
資料）図1-1に同じ

活発に活動します。

　同研究会は、これまでの「たまり場システム」の発展した形であるとともに、その場自体が１つのプロジェクトとしての機能があり、当事者の相互自己実現の機能をもつことから、新たな場として捉え直すことが、本章のテーマの１つとなっています。

　２節では、まず開発された代表的なプロジェクトである「コミュニティハウス冬月荘」をマネジメントの視点から振り返っておきます。

## 2節　親密関係と社会参加を生み出すプロジェクト ――「コミュニティハウス冬月荘」

　2008年にスタートした放送大学「地域福祉の展開」（担当平野隆之・原田正樹）の第12回「社会的排除と地域福祉の課題－2000年代」の内容をもとに、「コミュニティハウス冬月荘」プロジェクトを振り返ります。最初に放送大学のゲスト講師の岩田正美さんが行った「社会的排除・包摂」の捉え方の解説、とくに社会的包摂における「主要な社会参加の保障」という点を学びます。次に「コミュニティハウス冬月荘」プロジェクトに関連した2つの収録（釧路での映像収録は2007年）の内容を文章で再現し、プロジェクトのもつ実践プロセスを確認します。その際、収録映像をもとに岩田さんが行ったコメントも要約して掲載します。

### １　「社会参加の応援」の意義－岩田正美さんの社会的排除・包摂の考え方

　以下に、岩田さんが整理された「社会的排除・包摂」の考え方を要約して紹介しておきます。

#### ●社会的排除とは

　社会的排除とは、主要な社会関係からの長期の排除を意味します。

　社会的排除の特徴の１つ目は「**複合的な不利**」で、排除はある人々の不利の複合的な経験のなかに表われるということです。生活のなかにはさまざまな不利が存在していますが、それらはある人の人生のなかで、原因―結果のスパイラルを形成していくことが少なくない、このなかに排除が生まれやすいということです。

　２つ目は「**主要な社会参加の欠如**」です。参加できないということ、これが社会関係からの排除の具体的な姿です。「主要な」というのは、ある社会のなかで暮らしていくうえで欠かせない関係への参加が阻まれている状態です。たとえば、労働への参加、政治への参加、教育・医療・福祉などの、社会制度の利用等は基本的な人権に属することですし、また、仮にこれらに参加できない時は、それに対抗できるような団体へ参加する、たとえば、労働組合とか当事者団体です。

　３つ目は「**不確かな帰属**」です。社会関係の基盤となるのは、ある社会におけるその帰属

写真1-1 放送大学「地域福祉の展開」の第12回　　図1-4 社会的包摂のゴール

の構成員としての確かさです。たとえば、その帰属を表明するものとして、国籍、住民票等があります。また、会社や学校が身分証明する場合もあります。住所や電話番号等は、さまざまな関係に入り込む時に必ず必要となります。複合的不利の経験や主要な社会活動の参加が拒まれていくと、帰属も不安定になっていきます。この結果、ますます不利のスパイラルから抜け出せなくなるし、主要な社会関係からますます遠ざけられていくという循環が形成されることになります。

● 社会的包摂とは

「社会的包摂」について説明したいと思います。包摂というのは少し不思議な言葉ですが、社会関係のなかに包み込むというような意味になります。包摂の前提には、複合的な不利の解消が必要となりますが、包摂自体を考えると、3つの段階が必要になると思われます（図1-4）。まず第1には、**「生活拠点の形成と安定化」**です。これは、社会のなかに自分の立脚点を定め、メンバーとしての帰属を明確にしていくうえで欠かせないものです。とくに居住の安定があります。第2には、**「親密関係の形成と維持」**です。これは、近隣や友人等、日常的に親密な関係を用いる人々との関係を構築していくということです。最終的には、**「主要な社会参加の保障」**が重要になります。

これまでの地域福祉は、どちらかというと、この2つ目の「親密関係の形成と維持」に主眼がおかれてきたように思いますが、大事なのは、ゴールとしての3つ目の「主要な社会参加の保障」と「生活拠点の形成と安定化」であって、これらと結びつかないと、2つ目の意味もなくなるように思います。

## 2 組織ミッションとしての「生活当事者」—コミュニティハウス冬月荘の振り返り

日置さんの活動の出発点には、偶然に障害児の親になることで、支援や指導を受ける側になることで感じる「違和感」があり、それを克服するための理念・概念として「生活当事者」があります。それは、福祉制度ではカバーできない隙間の代表が過酷な生活環境で育った若者たちへの支援が漏れるなかで、彼らの支援においても違和感を覚えたことを克服することに通じています。このための最初の実験プロジェクトが「コミュニティハウス冬月荘」だっ

たのです。日置さんは、次のように若者支援の違和感を述べています。

　　児童相談所から児童施設から退所する若者たちが紹介されるようになりました。グループホームなどの障害福祉サービスの運営をしていたことから、知的障害、発達障害などボーダー層は障害者手帳を取得してサービスを利用することができます。しかし、本人が希望しないのにサービス利用ありきで手帳を所得することへの違和感は強く、何より本人たちが必要としているニーズは障害へのサポートではないことは明白でした。若者たちが必要としていたのは家族との関係や傷つき体験の回復や振り返り、失われた学習機会の取り戻しなど、まさに日常生活の当たり前の経験や社会参加、学びの機会だったのです。

●コミュニティハウス冬月荘プロジェクトの振り返り
　放送大学での取材のなかでコミュニティハウス冬月荘に関わった3名の方の振り返りを再現しておきます。
**平野**：岩渕さんは「認知症をかかえる家族の会」をリードされてきたと同時に、日置さんの障害分野での取組みにも協力されてきました。この両者はなかなか今まで接点がなかった領域なのですけれど、実際に釧路でその辺りの接点が私としては興味深いところなのです。日置さんはコミュニティハウスという新しい事業をされていますが、対象にこだわらない取り組みと聞いています。

**日置真世さん**：私たちは障害福祉のフィールドで仕事をしてきたんですけれど、どうしても福祉制度を使っているとそこからはみ出てしまう人が必ず出てしまう。本当は支援を必要としている人は制度に合わせて困っているわけではないのに、実際は制度に振り回されてしまったり、制度に当てはまらないから支援を受けられなかったり、大変な思いをしている人たちがたくさんいるということが、実際にわかってきたのですよね。

　岩渕さんと話をしても、若年の認知症の方の悩みが、それにすごくだぶってきました。制度から外れる、でも支援が必要だし、生活保護の母子世帯の支援に関わったときにも、障害があればサービスが使えるのに障害がないと使えないとかいうことがあった。そういう制度に振り回されるのじゃなく、地域のニーズから何かできることはないかというところで、共通点を私自身は感じたので、なんかきっと一緒にやったら面白いんじゃないかっていうことで、この冬月荘のプロジェクトを立ち上げた時に、岩渕さんと櫛部さん

写真1-2　左から、平野、櫛部武俊さん、日置さん、岩渕雅子さん（放送大学収録風景、2007年）

の二人にはぜひ声をかけようと思って、メンバーになってもらいました。

**平野**：生活保護の行政から見て、この冬月荘のもつ意味をどのようにお考えでしょうか。

**櫛部武俊さん**：私たちの自立支援は、どちらかというと大人を相手に就労という問題もありますし、たとえば母子家庭でもお母さんの就労問題というようなところがあったのです。しかし、私も20年生活保護の仕事をしていて、すごく気になっているのは子どもたちの問題ですが、なかなかそれを取り組むきっかけがなかったんですよね。本当に何年もそのこと考えていたんだけども、何もする方法が見つからなくて、日置さんにある日電話をしました。僕は簡単に言ったつもりはないけれど、二つ返事でいいよって言ってくれただけで、僕たちの中で切羽詰まっていた状態が開かれました。それから「高校行こう会」という名前をつけて、それはちょっと直接できないかと笑われましたけれど、中学3年生の勉強会、後に居場所というような形で発展していくわけです。

**平野**：岩渕さんはこのプロジェクトの評価委員もやられていましたね。実際に委員という立場で、この冬月荘のコミュニティハウスをどのように評価されているのでしょうか。

**岩渕雅子さん**：具体的には自分のフィールドの問題をここに持ち込んで、そして解決の方法を一緒に探ってもらいましたね。冬月荘のなかで若年認知症の方が落ち着いて暮らせるようになるとか、そういうことも一緒に同時並行でやれたので、福祉施設ではどこにもはまらなかった人が、ここで子どもたちとか障害の人と一緒になって、逆に支援者になったんですね。それで元気になれたというのを見たときに、これからの福祉としてとても大事じゃないか。それを実際に見れたことが、評価委員というよりも実践者としてはすごく視野が開かれていった気がしますね。

**平野**：この取り組みについて、日置さんが何をめざされたのかということをもう一度お願いできますか。

**日置さん**：私自身の具体的なビジョンってそもそもあまりないんですけれど、とにかく地域の課題を認識している人たちがちゃんと集まって意見を出し合うことが、地域にとって大事だなと思っていました。冬月荘は一種の城みたいなもので、地域の課題を出し合える拠点を段取りして、そこから必要なことをみんなで語り合って作っていく。事業自体も、お膳立てされて誰かがやってくれるのではなくて、自分たちでつくり上げていく場になればという意味でここをつくったのです。本当にプロジェクトのなかからどんどんアイディアが出てきたので、すごく面白かったのです。

> **岩田正美さんのコメント**　制度というのはどうしても縦割りでさまざまな不利の複合というものが前提にされていないんですね。非常にシンプルにできてしまう。だから今、座談会でも出ましたように、こぼれてしまう問題がたくさんあるわけですけれども、そうした制度からの排除に対して、自分たちがやろうとして、いろんな形のNPOが新しい参加の仕掛けをつくっていく、これはそれ自体が参加のパターンなんですね。だから制度が変わる前に、違う参加の回路をつくって、ここになら入れるというような回路をつくっていて、これが包摂の一つの

重要な局面です。
　もう1つは、それに揉まれて制度自身が変わろうとしているということですね。制度自身も豊かになっていく。これは行政も縦割りはやりにくいわけですね。とてもできなかったことが、できるようになった、制度も変わっていくと豊かになっていくところ、その両面がやはりあるなということを、私も改めて拝見して、包摂というのはこういう多様な回路をもってなされるんだなと思いました。

● **地域福祉コーディネーター高橋さんとマサキ君の関係**

　2008年4月に児童自立支援施設を退所後に16歳で冬月荘に暮らし始めたマサキ君は、最初の若者利用者でした。地域福祉コーディネーターとして働きはじめた高橋信也さんは、マサキ君との出会いのなかで、日常生活をともにする支援の方法を学びます。当時のマサキ君と高橋さんのやり取りは、次のようでした。3節では、再び現時点から当時のマサキ君とのやり取りを振り返ってもらいます。ここでは、そのための当時の雰囲気を紹介しておきます。

マサキくん：最初、また釧路に戻ってきたのでこちらに住み始めたじゃないですか。別にルールも何もないし、最初は慣れなかったですね、逆に。
高橋さん：困ったという感じ？
マサキくん：以前の学園とは逆に、ふだんの生活のところへんで思いましたね。
高橋さん：自分で決めていかなきゃならないもんね、毎日ね。で、慣れてきたよね。他の住民もいるじゃん。1階にも人来るでしょ。そういうのはマサキにとってどうだったの。一人で暮らすよりはよかったよね、きっと。
マサキくん：そうですね、多分学園出て、いきなり一人暮らしってなったら、多分パンクしちゃうんだろうなって。たとえば、時間とか、お金とかもそうだし、一人だといろいろわからないから、難しいし。だからここ来て、いろんな人たちいるから、サポートしてもらえるところとか、そういうところがよかったですかね。それに、僕が仕事したくて、高橋さんにお願いして、こういう職もあるよということで（就労移行事業所で）、働かせてもらってます。掃除して、あとは作業的みたいなことを、午前中3時間くらいなんですけどやるんですよね。毎日月から金までですけど、はい、頑張ります、何とかやります。

**岩田正美さんのコメント**　現代は若者が社会に巣立っていく最初のその移行期が難しいということが、いろいろ指摘されています。そこへの支援策がたくさんあるわけですけれども、この例を見ますと、その不利を経験してきているマサキくんにとって、まず居場所が確保された、そしてすごく柔らかい人間関係がそのなかに形成されてきて、少し余裕のある状況にもっていってから、自分から働きたいという意欲を引き出しているわけですね。ここがとても素晴らしいなと思いました。

## 3節　若者当事者参加の場のマネジメント
―― Frame Free Project

　釧路市において、日置さん、高橋信也さん、ひとみさん（当時の冬月荘の住人、現在地域生活支援ネットワークサロンのスタッフ）と平野との間で、3つのテーマをもとに、大人の「フィードバック研究会」を2024年11月4～6日に開催しました。

　1日目のテーマは、冬月荘当時から現在までの20年近くを高橋さんに振り返ってもらいます。地域福祉コーディネーターの実践を、現在の中間マネジャーの立場からの振り返りとなります。2日目のテーマは、1節で紹介したもう1つのたまり場としての「フィードバック研究会」の機能についてです。これには、研究会メンバーのひとみさんの参加が貴重でした。3日目は、日置さんの福祉開発マネジャーの総合的なマネジメントについての振り返りです。

### 1　コーディネーターも生活当事者なのか

●高橋信也さんの省察の場

　放送大学の教材映像で扱われた冬月荘の風景をもとに、はじめての若者として冬月荘の利用者となったマサキ君との関係の振り返りを行いました。図1-5に紹介するように、高橋さんが自らの発展を、スライドをもとに説明しました。その視点は、「生活当事者」となるプロセスでした。

　コーディネーターとして歩き始めた初期の頃はとくに日置さんからのスーパービジョン（SV）に依拠しています。その後、上部の生活支援や活動を通じての検証作業と中央部の対話と意味づけによる省察をたゆまず続けることのなかから自分の言葉を見出します。そして、自分の言葉をまた検証と省察の中に練り込ませる作業の模索が進んだようです。それらの往

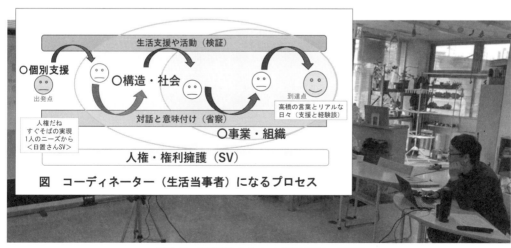

図1-5　高橋信也さんの振り返りの風景

復作業がリアルな日常の日々とともに進むといったイメージとのことで、高橋さんのオリジナルな支援の構造図が示されました。その土台には、日置さんからのスーパービジョンや生活支援や活動で出会う人から学んだ「人権・権利擁護」が位置づけられています。それが検証と省察に欠かせないものとなっています。また、事業と組織に自ら関わることで個別の関わりでは気づきにくい、社会の現実や構造や見えることによって生活当事者としての主体意識がより明確になったといいます。

高橋さんは、次のように語っています。「コーディネーター＝仕事となると、やらなきゃという話になって意識や姿勢にも枠ができるので、コーディネーター＝生活当事者になるということなんだろうな」。その生活当事者になるというのは、「感情的な場面とか生活の支援の場面とか、否応なく考えさせられる、考えないとできない。そのための自分の言葉とリアルな日々がすごく大事なのかなと思います」との語りでした。

日置さんは、高橋さんの成長ぶりを楽しそうに聴いていました。ひとみさんは、写真の机の輪には入らずに、高橋さんを遠巻きに観ている風景も印象的でした。

この説明を終えたときに、当時の利用者のマサキ君と筆者は17年ぶりの再会となりました。参加者みんなでマサキ君のその後の人生をめぐりました。そのマサキ君に冬月荘での配膳をこっそりと食べられていたのが、当時利用者だったひとみさんです。運送業に従事しながら現在幸せな家庭生活を過ごしているマサキ君の人生物語が、今の支持している若者にも実現できると願って聞いていたのではないでしょうか。

コミュニティハウス冬月荘のプロジェクトは3年間で終了しましたが、その後の地域生活支援ネットワークサロンの基本形となっています。若者たちに、まずは安心で安定した住まいを含む生活基盤と学習や生活スキルを身につける機会が保障され、それぞれのもっている力を発揮できるような活動・仕事の提供とトータル支援の仕組みが、第6章で触れる「コミュニティホーム大川」に継承されているのです。

## ❷「フィードバック研究会（フィバ研）」という当事者参加

今回の振り返りのフィールドワークの2日目は、若者当事者の参加の場（フィードバック研究会）がテーマです。このフィバ研の振り返りになると、ひとみさんはフィールドワークの全体像がつかまえられたこともあって、少し話し合いのテーブルに近づいてきました。そして、フィバ研の中心人物のひとりとして、自分の意見を言いはじめました。

●フィードバック研究会の成果

すでにみたように、パーソナル・サービスの支援理念が定着するなかで、4期では相互に高め合い学び合う関係の質を改めて問い直すための機会として自分を振り返り、言語化する研究会として「フィードバック研究会」が生まれています。若者の支援に求められる「元気になることができる居場所、学びの機会（活動の機会）」が、自分を振り返り、言語化する

研究会にまで展開しています。

　日置さんは、次のようにふれています。

　　「若者たちは自らの人生をもって社会の課題を引き受けて、それを解決し、新しい社会や地域のあり方を考えるきっかけや具体的な方法へ示唆をくれる貢献者で、ともに社会に働きかける協働者です。若者たちだけではなく、『支援を必要としている人』は誰よりも社会のことをよく感じていて、それを語り、解決を求め、発信できる可能性をもっています。支援する側では代わりができない担い手になれるはずが、単なる支援の対象として扱われている現実は変えなければなりません。…ともに学びあうことで、社会がいかに理不尽であるかを知り、自分が悪いわけではなかったということに気づいたときに、「支援とは何か？」改めて考え直して、この一文が生みだされました。いつも「自立」や「支援」の名のもとに社会側のあるべき姿を一方的に押し付けられてきたことへの異議を見事に表現していると思います。今、求められるのは支援や教育の必要な人たちを社会の貴重な構成員として尊重し、対話と協働を進める『ともに学びあう場』です。」

　「フィードバック研究会」の成果の1つは、若者と考えた「自立」のためのハンドブック『「自立」その前に…』（2014）の作成です。それに先行して、序章の「レシピ46の釧路市の自立支援プログラム」の「『自立』を巡る意識のギャップ　適量」の味付けの成果として、『ひとりひとりの自立のために「自立をさがす4つのヒント」』の冊子が作成されています。若者の「自立」のためのハンドブックが、これまでの官民協議・協働のなかで生み出されたガイドブックではなく、若者自らが自身の課題を「研究活動」という別の場を作るなかで客観的に考え、生み出された文字どおり手にするハンドブックという点です。

　そこには、次のような「相互自己実現」の基本パターンや4つの原則が示されています。「相互自己実現」の基本パターンについては、若者と同じく、支援者もまた自己実現をめざす存在であることを前提とし、支援者の意図のある働きかけが若者の自立を促し、若者との関わり合いが支援者の気づきやスキルアップを促し、双方で学び合うことで、それぞれの成長につながるだけでなく、よりよい社会を創り上げていくことにつながることを述べています。このパターンが成立するためには双方向性を理解したうえで、対等なコミュニケーションやほどよい関係づくりや周囲の環境などが必要な点にもふれています。このパターンは、他の「支援者主体パターン」（関わりが若者の阻害因子になる）や「抱え込みパターン」（関わりが支援者の阻害因子になる）、さらに「共倒れパターン」（関わりが相互に阻害因子になる）を回避する方法であることが強調されています。

　そして、このパターンをめざすためには、プロセスが重要で、そのプロセスの原則について4つを示してくれています。「その1　尊重の原則」を守るためには、支援者は、チーム支援や反省的実践によって客観視する機会を設けること、若者は、自分の気持ちを伝える術を身につけ、自信を回復すること、の必要を説いています。「その2　相互理解の原則」では、

とくに若者の自己開示など自分自身を知ってもらう努力や語る、遊ぶ、一緒にご飯を食べるなどの生活場面の共有に効果があることにふれています。

「その3　回復の原則」は、自分のことを振り返ったり、理解したり、じっくり考える時間や空間が確保されていること、結果を求められないプロセスが大事であるとしています。「その4　合法的逃避・回避の原則」です。阻害因子が促進因子より大幅に多いときに、阻害因子をとにかく減らすことを優先する原則です。負の経験としての逃避や回避ではなく、合理的な選択肢としての逃避や回避の道が用意できることがポイントであると指摘しています。

ハンドブックには、この相互自己実現の活動メニューが列記されています。その1つが、価値観の交流の場でもある「フィードバック研究会」です。また、研究会が成立するための活動メニューに、自分自身を知ってもらう努力や語る、遊ぶ、一緒にご飯を食べるなどの生活場面の共有としての「シェアハウス」や合宿・研修・視察の旅行といった活動が示されています。また、生活困窮の若者を中心とする「インタビュー式本人中心事例検討会」というメニューも列記されています。「中間的な就労・企画活動」もです。文字どおり研究や検討会の成果のフィードバック先の場を用意する活動を担っています。

「フィードバック研究会」は支援する側・される側の区別なく、自分と向き合うために分析する機会となる場です。今回のフィールドワークに参加してくれたひとみさんは、このようなプロセスのなかで、自身が抱えていた課題に向き合い、相互自己実現を経験しながら、支援するスタッフとしても成長したといえます。現在のひとみさんは、地域生活支援ネットワークサロンの事業の運営や新規事業の企画などを業務とするポジションを担うまでに至っています。若者支援の申し子といえる存在のひとみさんです。

### ❸「探求の場」としてのFFP（Frame Free Project）の構造

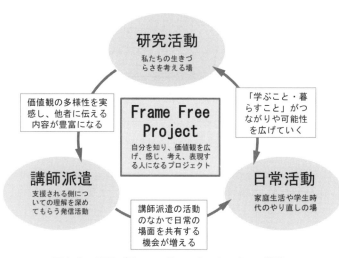

図1-6　FFP（Frame Free Project）の構造

生きづらさを経験した若者たちが「自分を知り、他者を知り、社会を知る」「社会とつながる」活動の場であり、価値観を広げ、感じ、考え、表現できる人になり、さらに地域や社会をつくるプロジェクトを、FFP（Frame Free Project）と名づけられています。この構造は、「フィードバック研究会」が担った研究活動を

出発点にしながら、図1-6の3つの活動によって形づくられています。この基本的な整理は、若者自らが研究活動のなかで行ったものです（第6章を参照）。

**研究活動**は、「私たち（若者たち）の生きづらさを考える場」であり、議論を通じて価値観の多様性や物事の多様性について実感し、自分のなかにある「こうあるべき」「こうじゃなくてはならない」などといった価値観に気づくこともできるなど、自己理解、他者理解を深める機会が保障される活動です。

そこで得た多様な価値観を他者に伝える活動が、講師派遣です。支援される側を経験してきた私たちを研修の講師として呼んでもらい、当事者の立場や特徴を生かし、自分たちの思いや感じたことを伝えることで、支援される側についての理解を深めてもらう発信の活動です。普段の支援現場では伝えあえないような本音もたくさん語られます。また、「支援」についてメンバーと参加者が一緒に考えることで、「支援する側・支援される側」という普段の立場を超えて、自分や他者の気持ちの感じ方、立場に気づき合ったり、学び合ったり、それらを通じて新たなつながりをもてる機会になっています。毎回、私たちが多くの学びや手ごたえを感じる機会になっています。

この2つの活動の関係や意義はわかりやすいのですが、「フィードバック研究会」を通じての大きな発見は、日常活動（家庭生活や学生時代のやり直しの場）とのつながりです。序章でも、プロジェクトが利用者あるいは参加者からみれば、非日常的な場合が少なくないことにふれましたが、その弊害が克服される活動が含まれている点での意義です。

研究会や講師派遣などの活動をしていると自然にみんなでご飯を作って食べたり、語り合ったり、一緒に出かけたり、遊んだり、誕生日を祝ったりといった日常の場面を共有することが増えてきました。最初はおまけのような存在だったこうした時間が実は私たちにとってとても大切だということがわかってきたと解説されています。

ひとみさんを含む4名の振り返りは、深まりをみせ、FFP（Frame Free Project）の取組みを改めて「探求の場」というプラットフォームと捉えることになりました。当時この研究活動の中心人物であったひとみさんも、「探求の場」という表現に同意しています。

図1-1の5期以降の活動の重点が生きづらさを抱える若者に移行します。それを支えたのがこれまでのネットワークサロンという事業組織には見出されない、若者主体の新たな研究活動から発展し、FFP（Frame Free Project）という「探求の場」ということができます。その形成によって、「地域生活支援ネットワークサロン」に＋αが加えられています。これまでの居場所やインターンシップの場としての拠点ではなく、FFP（Frame Free Project）というプラットフォームが多様な機能を発揮しているからです。

若者当事者が参加する「探求の場」としてのFFP、地域生活支援ネットワークサロンの事業開発の企画に影響を与えることになるからです。その取組みの1つが、「コミュニティホーム大川等」のプロジェクトであり、その評価活動です。コミュニティホーム大川は、自立援助ホームとグループホームおよび短期入所と若者たちの下宿が複合した共同生活の拠点

です。急遽のショートステイや緊急避難、制度外の生活支援の場として多様な人が長期、中期、短期と暮らしています。インターンシップ的体験などの宿泊も随時、受け入れています。

コミュニティホーム大川については、第6章のレシピにおいて、その内容を解説していますので、これ以上はふれないでおきます。3日目には、日置さんの福祉開発の全体を議論する機会となりました。その要約を、以下で取り上げます。

## おわりに――日置真世さんの福祉開発の総合化の基盤

制度福祉としての事業も多く担う「地域生活支援ネットワークサロン」にとって、福祉開発の自発的なプロジェクトを生みだす「積極行動」をとり得るプラットフォームの1つが、FFPといえます。日置さんの考えとしては、最初の紹介にあるように、「所属は地域」ということで、地域の生きづらい日々の応援という視点では、FFPの主体的な活動への関心が高いものの、地域の他の活動とも、ネットワークサロンはつながっています。それらの連携も＋αと表現し得るものです。日置さんの説明では、「ネットワークサロンは主語を意識しない、私有化しない、市民活動に依拠する」というミッションに根ざしたものということです。

まとめとして、今後を展望しました。最初の沿革の年表の5期にありますが、職員の多様な独立が相次ぎ、結果として制度の隙間や制度が未整備の分野の事業が残ることになった逆境も、マネジメント上不合理な結果となったものの、「所属は地域」の発想のもとに、事業の独自性が明確となり、そこに若者たちの当事者活動が根づくことになった結果、マネジメント全体ではむしろ合理的な展開となったとみることができます

6期では、時代に合った地域づくりの再構築にあって、「若者自立プロセス資源化モデル事業」が取り組まれ、その評価作業に若者が参加しています。図1-3にある役割4の「地域の循環」に向けた検証の場に相当するものといえます。日置さんの場づくりの展開で整理す

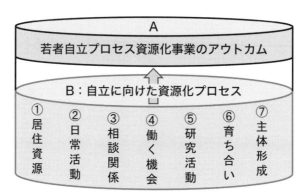

図1-7　若者の自立のための資源化を応援する7つ道具

ると、ニーズの顕在化（たまり場）⇒事業化（プロジェクトの開発のための場）⇒地域の循環に向けた検証（探求の場）という3つ目のステージに相当します。その評価活動のなかで、若者自身が、自らの自立に向けた資源化プロセスを支える資源や文化が、「地域生活支援ネットワークサロン＋α」に蓄積されていることに気づいています。

　若者自立プロセス資源化モデル事業の中長期アウトカムには、若者社会参加並びに地域生活相互支援促進センター（仮称）への着手もしくは計画が具体化し、若者たちを社会資源として受け入れる地域社会の土台ができることが記載されています。そのアウトカムを深めることは今回のフィールドワークではできなかったのですが、これまでの「地域生活支援ネットワークサロン＋α」によって培われてきた土台（C）を、筆者なりには①〜⑦資源・道具や文化の要素として整理してみました（図1-7）。「若者自立プロセス資源化事業」への活用あるいは継承の戦略B（資源化プロセス）を推進する土台の役割を果たすことになると期待しています。

　①〜⑦の資源・道具や文化は、福祉開発マネジャーである日置さんが若者の社会参加の応援において大切にしてきたマネジメントの方法を総合的に示しています。生活拠点の安定を担う①居住資源、そして⑤研究活動と②日常活動と⑥育ち合いが一体的に推進する経験については、3節でふれたところです。③相談関係に求められる「相互自己実現」の原則は共有されており、そこに根差した⑦主体形成は、若者自らが運営するFFPの組み立てにあらわれています。

　沿革の6期には、職員数100名程度で多様な個性やはたらきが広がると成果を表現しています。そのなかに、若者当事者が含まれ、自立に向けた資源化プロセスを経て、日置さんや高橋さんとともに、地域づくりの循環に寄与するプロジェクトの開発を担うことになると確信しています。

　図1-7のタイトルに「応援の7つ道具」の名称が用いられています。蛇足かもしれませんが、名称が選択された以下の経緯があります。第Ⅱ部に登場する社会参加の応援レシピ作りに当たって用いる調理の7つ道具を意味しているとの感想が、日置さんや高橋さんから示されました。

　残念ながら、3日目の「大人のフィードバック研究会」の成果はここまででした。日置さん、高橋さん、そしてひとみさん、お疲れ様でした。

# 第2章

## 切り取らない「地域の応援」プロジェクト
―― Team Norishiro ＋α（東近江市）

### はじめに

　Team Norishiro の理事である野々村光子さんを福祉開発マネジャーと見なすとき、野々村さんは、何を開発していることになるのでしょうか。要約すれば、「生きづらさを抱える人の人生における登場人物・応援団を増やすためのプロジェクト」の開発です。しかも、いろいろな生きづらさに対応できる「アイテム」の開発も手がけています。相談の看板を目立たせない野々村さんの隠れ家（センター）は、アイテムの引き出しでいっぱいです。

　その隠れ家は、社会福祉法人わたむきの里福祉会が運営する「東近江圏域働き・暮らし応援センター "Tekito-"（法定の就業・生活支援センター）」で、野々村さんを応援する社長の社屋の2階に間借りして存在します。Tekito- が、「地域の応援」に機動力を発揮できるように、協働・連携するチーム（Team KonQ［困救］と Team Norishiro）が Tekito- の周辺に配備され、最近では大萩地域に秘密基地や砂栽培の農地まで作られています。

　これらの仕掛けは、マネジャーの野々村さんが「働きもん」と呼ぶ本人を中心とした応援のプロジェクトの開発やプラットフォームの形成を意図するなかで、戦略的に配備されてきました。また、個々の応援が本人のニーズを個々に切り取ってしまわないように編成されています。

　以下では、その応援の編成のメカニズムを福祉開発のマネジメント視点から描くことを試みます。3つの節は、野々村さんの実践の時間軸に沿って並べられ、そのプロジェクトの深まりが反映しています。

### 1節　「地域の応援」とそのプロジェクト開発の意義

　本節では、「地域の応援」をめざす福祉開発を、エピソード（物語）とストーリーの違いを示す意図を込めて取り上げます。そして、両者に共通する野々村流の「地域の応援」の作り方を簡潔に説明します。

## ❶ 「地域」を育てる放火魔の物語

最初のエピソードは、野々村さんの近著『しんどいからおもろいねん』(コトノネ生活)の「地域を育てる放火魔」の一節です。それは、「野々村語録のその一：頭から血い出るくらい考える」のなかにおかれています。

　彼の事。双子の兄ちゃんが、家族とうまく行かずに家を出た。その兄さんが心配な母ちゃんは兄ちゃんの所に行った。寂しくなった父ちゃんが鬱になった。
　社会人になった彼が自分に出来る事は"稼ぐこと"。でも、うまく行かない。苦しい思いを家族にもどこにもぶつけられない。その思いは、SOSとなって団地の隅っこに火をつけた。180％で生きてきた彼の人生にミスはない。気付く。足りんもんは応援団やっ。
　「奇妙な放火魔」と名付けた民生委員婦人に彼の事、彼のSOSの声について伝える。そして、彼の人生のステージは、今までもそしてこれからもココなんやと。自治会トップ会議に呼ばれる。彼を「仕方ない放火魔」と見ている警察官も連れて行き、一緒に公民館で並んで座った。
　奇妙な理由について、考えを話す。繰り返される放火で人が誰も怪我していないという事。それは、彼は、団地の中でよくよく団地を見て知っているという証。約30年。誰も詳しく彼を知らない理由について、真実を話す。
　そして、彼と家族の、うまく行かなさは、ミスではなく人生のものがたりであるという事。只、あまりにも、登場人物が少な過ぎるものがたりであるという事。何度も何度も話した。自宅の買い置きのカップラーメンが無くなると、近くのスーパーまで買い出しに行く。そんな彼に注がれる視線は、「奇妙な人」から、「何を食ってはるんやろー」に変わって行く。

以上の物語を図2-1で図解してみます。本人の困りごとの結果としての位置にある地域の困りごとへのベクトルを、野々村さんの応援活動の働きかけによって、地域の困りごと（仕方のない放火魔）の認識の変化を生み、本人の困りごとの対応が変化するベクトルに変換することを示唆しています。この変換の媒介を生み出しているのが、野々村さんの「血い出るくらい考えた」本人を代弁する地域とのコミュニケーションの中身といえます。

この場合の「地域の応援」の展開は、

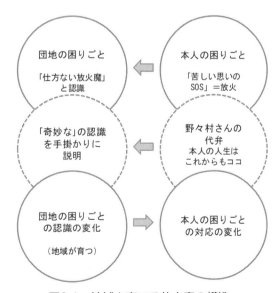

図2-1　地域を育てる放火魔の構造

野々村さんの頭のなか、行動のなかで進むプロセスなのです。その意義は、本人を地域から切り取らない（排除しない）方法を必死に考え、地域に本人の応援団をつくる個別支援の摸索を行った点にあります。次の話は物語ではなく、「薪割りプロジェクト」と呼ばれるストーリーとして成立したものです。野々村さんの頭のなかで進む応援を越えて、地域のプロジェクトとしての応援へと発展しています。

### ❷ 薪割りプロジェクトにみるストーリー

　東近江市は、山林面積が多く、放置林の対策が環境保全の立場から求められています。雑木林の整備として、間伐作業が必要となり、そこから出た「原木の処理」が課題になりました（図2-2：薪プロジェクト）。最近の薪ストーブの人気も手伝って、原木を薪にする作業さえあれば、いい循環が可能になります。他方、働きづらさを抱える人々の就労の場として、「薪の生産」が用意できれば、いい働く場になります。それを「薪割りプロジェクト」のなかで実現しました。そして、「薪の製造販売」というマネジメントが加われば、働きづらさを抱える人々の就労が継続します。

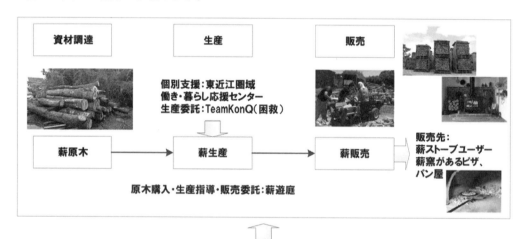

図2-2　薪割りプロジェクトの工程
資料）Team Norishiro Annual Report 2023

　このストーリーが実現するための登場人物は、働きづらさを抱える「働きもん」に加えて、図2-2にある「働き・暮らし応援センター」「Team KonQ」「薪遊庭（まきゆうてい）」という組織になっています。「働きもん」が3つの工程の薪生産を担うことになります。原木の伐採や薪販売の工程に比較して、薪割りは写真にあるような機械を活用することで、プロと遜色のない出来栄えが実現します。なぜなら、割られた薪は、変形した形に魅力があり、暖炉ストーブのなかで絵になるのです。「働きもん」にとっても働いた成果が、図2-2の写真にように山積みになって見えるのです。

なお、2023年度の薪割りプロジェクトの実績は、75日間開所（毎週水・金曜日）、参加者5名、のべ172人（平均2.3人/日）、地域企業・福祉事業所に卒業が2人、地域企業への見学実習1人でした。

　この薪割りプロジェクトは、福祉制度と市場の間で、しかもそれぞれを応援団にしながら実現する仕組み（図2-6を参照）は、就労支援の開発という点から大変興味深いストーリーを提供しています。

　そこで、2014年度版の『地域福祉の展開』（筆者と原田正樹さんが担当の放送大学）の最終回の「これからの地域福祉の展開（第15回）」において、この薪割りプロジェクトの映像を収録しました。その理由は、すでにみたストーリーとして、これからの地域福祉の展開の方向性を示す、地域福祉とまちづくりの協働を表現し、地域の課題解決としての地域福祉の新たな役割を彷彿させるからです。この薪割りプロジェクトの現地ロケは、2013年に行われました。同プロジェクトが始まって2年目の時期に当たります。以下に放送大学に収録された薪の製造会社「薪遊庭」の社長の村山英志さんと野々村さんとの会話を再現します。

**野々村**：うちは働くことを「アイテム」に本人さんに関わることが一番大きな特徴やと思っています。ただうちが大事にしているのはたとえば働きたいと男性が来られた場合、仕事を紹介して就職することが目的ではなくて、その仕事を通して本人がもう一度社会の中で自分の役割を見つけたりとか、たとえばずっとひきこもっていた方が仕事を通して社会に復帰できたというか、社会の中で自分の居場所を仕事というアイテムで見つけられたりとか、そういうところを大事にしたいなと思っているところです。

　やはりその長く社会とつながりをもっておられなかった方たちというのは、その時間、本人さんたちに会うという人たちが少ないのです。こちらが仕事を用意するというのは、彼らの「はたらきたい」とか、はたらく意味とかに結びつけるのが難しいので、私はその地域の中で、ここに働き手があったらいいなと言われる場所をいくつかの企業さんとコラボして見つけていってます。

　私は基本的に福祉と言われる「ステージ」での仕事なのですが、とても嬉しかったのが薪遊庭さんで薪割をする仕事をいただけたことです。行政の方のモデル事業で全然福祉とは関係がなく、東近江の山を元気にするという環境面の循環モデル事業だったのです。その中で木を山から切り出してくることはできるけれども、それを薪にして地域のエネルギーにしていくというときに、薪を割るという作業を基本的に誰がするというところの話だったのです。そこで環境の方から、うちに話をしていただいたというのが始まりなのです。

**村山**：最初はどんな人たちが来てくれるか、続くかどうかもわからなかったですけれど、実際来てくださるとすごく素直な彼らです。仕事自体について僕はいちいち細かくいうのではなく、ただ単にこれを使って薪を割ってくださいねと言うだけなのです。彼らがだんだん工夫しながら3人か4人のチームを組むのですが、そのなかで順ぐりいろいろな仕事や作業

を自分らで考えながらやっていっているという気がしています。

**野々村**：巣立っていく彼らにとって一番大きいのが、ここで力をつけるというのは「はたらく力」ではなく、「生きる力」「生きていく力」を本当に養っていることだと思います。ある男性が言ったのですが「自分はずっとひきこもっていた時間が駄目な時間だったと思っていた。でもここに来てひきこもっていた時間は、充電していたんだ」と。「何でそう思ったの」と言ったら「いや僕はこれだけしかできないと思っていたのが、ここに来るとこれだけもできると言ってくれる」と。

　一番大きいのが薪割をチームでやることですね。機械を使って。彼らは今日誰が何するかと役割分担するのではなくて、それぞれがあの人はここが得意かなと言葉は少ないですが、それを分かり合えるというのが多分一番大事な力じゃないのかなと思います。

　この薪割りプロジェクトの展開を、図2-1に示した、地域の困りごとと本人の困りごとの2つの枠組みと同様に整理してみると、図2-3のような構造となります。図2-1では、本人の困りごとが地域（団地）の困りごととなっているという関係にあり、それを野々村さんの「血い出るくらい考えた」結果、逆に地域（団地）の困りごとの捉え方を変化させる方法を通して、本人の困りごとの改善に向かわせようと試みたのです。

　図2-3では、まず、地域の困りごとは、本人の困りごとと関係なく持ち込まれたもので、その困りごとの解決の方法を、「地域の応援」として企画するプロジェクトによって、困りごとを抱える本人たちが参加できる機会が作られ、同時に両者の困りごとが軽減されるという相互に効果が生まれています。

　2つの困りごとを結びつける発想は、相変わらず野々村さんの「血い出るくらい考えた」結果のものです。しかし、市場のなかで持続可能なプロジェクトとして成立するように組み立てるための具体的な段取りは、野々村さんの応援チームが実現を図るという分担関係が形成されています。つまり、プロジェクトの企画・運営が、野々村さんのみに依っているのではなく、野々村さんの応援チームが参加するなかで計画され、実行されているということになります。もちろん、働きもん本人が同プロジェクトに参加する主体（新たな参加）となりえる支援は、野々村さんが担っています。

　この薪割りプロジェクトがきっかけとなってチームによるプロジェクト運営が生まれ、「地域の応援」の種々のプロジェクトが地域に広がります。チームによるプロジェクト運営をはじめ、そのプロジェクトの地域での波及を2節でみていきますが、その前に、物語とストーリー

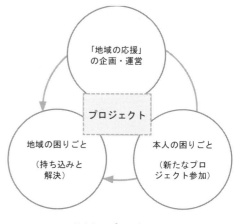

図2-3　薪割りプロジェクトの構造

とにおいて共通する野々村さんの発想にふれておきます。

## ❸ 野々村さんの「地域の応援」の発想

　物語とストーリーとの2つの比較は、マネジメントの視点から行った区別です。2つの野々村さんの実践には、共通した「地域の応援」の考え方があります。2024年11月12日に開催された日野町での野々村さんの講演記録（「学校に行きづらい子どもたちに地域を応援してもらう」）から、「地域の応援」に関する3つの視点を紹介しておきます。

● 「共に働くこと」を切り取らず、「共に生きる」という視点

　私たちの活動の中で大切にしているのは、「共に働くこと」だけを目標とするのではなく、「共に生きる」という視点です。働くことを人生の一部として切り取るのではなく、その人がどのように生きてきたか、そしてこれからどう生きていくのかを尊重する姿勢をもつことが重要だと考えています。

　具体的には、自宅での充電期間、地域の活動への参加、企業での就労といった一連の時間を、階段を上るような段階的なものではなく、「すべてがつながった廊下」として捉えています。自宅で過ごした時間、働く準備をした時間、地域の活動に参加した時間、そして企業で働いた時間、それぞれがその人にとって大切なものであり、どの時間も「優れている」や「劣っている」と評価するものではありません。このように、その人の人生全体を尊重することを私たちは大切にしています。

● うまくいかない人に関わると地域は豊かになる

　私は常に「何かうまくいかない人に関わることで地域は豊かになる」と信じています。20年前に活動を始めたとき、多くの人が「うまくいかない人」を支援することに否定的でした。ある企業の社長は、「25年も家にいた人をなぜ雇わなければならないのか」と言いました。また、病院の先生は、「精神科に長く入院していた人を企業で雇用するのは無理だ」と断言しました。それでも私は、「地域のためになる」と信じ、この言葉を繰り返し伝え続けました。

　最初は疑念を抱いていた人たちも、次第に変わっていきました。最近では、「従業員の息子が高校を辞めたらしい」といった相談が企業から直接寄せられるようになっています。以前、「関係がない」と言っていた社長が今では応援団の一員となり、支援を前向きに考えてくれるようになっています。

　こうした変化を通じて感じるのは、うまくいかない人や子どもたちがいる地域には、自然と応援の輪が広がる可能性が秘められているということです。学校に行きづらい子どもたちが、やがて地域を支える存在になる未来を、私は強く信じています。

　彼らに「私たちの手を握ってもらう」という考え方が重要です。子どもたちや、何かしら

うまくいかない状況にある人たちがどのような景色を見ているのか——それを完全に理解することは、私たちには決してできません。

しかし、それを理解しようと想像を巡らせ、彼らの立場に立とうと努めることが支援の第一歩です。

● **アイテムの最強は「第三の大人」**

私は、「第三の大人」が子どもたちを応援するうえで最強のアイテムだと考えています。この「第三の大人」は、その時々で異なる存在です。たとえば、学校の先生やフリースクールのスタッフである場合もあれば、私たちのような支援団体のスタッフ、あるいは親戚のおじさんがその役割を担うこともあります。どのような形であれ、子どもたちにとって「家族以外で頼れる第三の大人」がいることは、とても大切なことです。

「第三の大人」の役割は、固定されたものではありません。子どもたちが家で充電している間は静かな見守りが必要な場合もありますし、働き始めたときには次のステップを見守る役割に変わることもあります。その変化がどこかで風のように起こり、その風をキャッチする存在が応援団です。そうした応援団がいることで、子どもたちの成長や変化を支えることが可能になります。

## 2節　「地域の応援」プロジェクト開発のチーム形成

野々村さんの「地域の応援」の活動が地域のプロジェクトとなったのは、地域の環境を保全する必要から求められた「薪割りプロジェクト」が最初です。その後のチームとプロジェクト、そして連携する団体との関係は、図2-4のように展開していきます。野々村さんの応援チームが形成されるとともに、野々村さんは、「地域の応援」プロジェクトの開発マネジャーとなっていきます。

### 1　Team ○○の展開

利用者にとっての制度運用を確保するために、野々村さんは、「働き・暮らし応援センター」（2006～）の周辺に制度外への対応を可能にするチーム組織とプロジェクトを生み出していきます。それらは、地域での生活しづらさを抱える人のはたらくを支援する応援団（地域の困りごとを救うチーム）としての「Team KonQ」（以下では Team 困救を用いる）に始まります（2007年）。

2012年の「薪割りプロジェクト」の結果、定期的な働く場が確保され、その経験が2014年の「TEAM CHAKKA」につながります。利用用途のない廃くん炭や木くずと、使用済みのろうそくやキャンドルを再利用して、薪ストーブなどの火付けに使用する着火材を製造

|  | チームの設置 | プロジェクト | 連携団体の設置 |
|---|---|---|---|
| 2006.4. |  |  | 働き・暮らし応援センター |
| 2007.3 | Team KonQ（チーム困救）設立、地域の困りごとの請負 |  |  |
| 2008.7. |  |  | 農楽（西村俊昭代表） |
| 9 |  |  | イージーファクトリー（村山英志社長） |
| 2009 |  |  | Kikito（間伐買取事業） |
| 2010 |  | 薪プロジェクト |  |
| 2012.4 |  | 薪遊庭で薪割りプロジェクト |  |
| 2014.3 | TEAM CHAKKA 設立 |  |  |
| 2017.4 |  |  | 東近江三方よし基金設立（後に山口美知子事務局長） |
| 2019.4 |  | 働くマインド育成プロジェクト |  |
| 2020.4 | Team Norishiro 設立 | 薪遊庭の事業統合 |  |
| 2021.5-6 | 株式会社 BASHO の設立 | 大萩基地整備プロジェクト |  |
| 2021.5 |  | あかねプロジェクト | Kikito とのコラボ |
| 2021.6 |  | 市重層的支援体制構築事業 |  |
| 2022.3 |  | 砂栽培プロジェクト |  |
| 2022.〜 |  | 市重層的支援体制整備事業（参加支援事業） |  |

図2-4 「地域の応援」プロジェクトのチームの展開

する仕事を作り出しました（図 2-5 参照）。チームのメンバーが必死になって、薪割りほどの広さや規模を要しない屋内での作業で、また市場での販売方法も通常の商品と同様に簡易な仕事を企画し、運営する段取りをつけたようです。薪割りに続く定期的で屋内での働く場の創出となりました。

2020 年には、Team 困救が生み出した「TEAM CHAKKA」と薪遊庭の薪割りプロジェクトを統合する形での「Team Norishiro」が誕生します。これまで以上に「関わりしろ」を生み出すネットワーク組織をめざし、社団法人として設置されます。そして、「Team Norishiro」の拠点となる場所を大萩基地として、関わりしろの拡がりも視野に「誰かの場」という多機能拠点を確保します。他方、砂栽培の農地取得を視野に入れ「BASYO」（株式会社）を作ります（2021 年）。「Team Norishiro」のこうした動向には、コロナ禍のなかで働くことの応援とともに、暮らし全体を視野に入れた居場所、働きもんの定年後の軽作業（砂栽培）の場の確保、さらには働きもんを応援する支援者の支援の課題に対応するという背景や戦略があります。

●チームとしての実験プロジェクト：Team 困救

Team 困救は、「はたらく」を支援する場づくりを担いました。地域の困りごとを請け負う事業の一つひとつを、働きもんの社会参加の「アイテム」として位置づけています。具体的な地域の困りごとには、図書館の垣根の剪定やお寺の駐車場の草取り、人手不足な農作業の手伝いなどがアイテムとして取り組まれています。そのアイテム数は 58 種類に及んでいます。

地域の困りごとに、「地元の企業の困りごと」が加わります。これによって、野々村さんの応援団に地元企業が参加する契機が出来上がります。地元企業は、自社の業務のなかから働きもんの参加可能性を考慮して切り出した「アイテム」を提供する「**活動**」に取り組む一方で、働きもんの作業が順調に進むなかで事業者側にとってのメリットが生み出されるという相互作用の「**関係**」が働きもんとの間で実現します。Team 困救という「**場**」が、働きもんが実習や就職を継続できなくても、再びに戻って支援を受けられることを保証される場でもあることから、企業は Team 困救に参加することに安心感を与えています。

　こうした関係は、個々のコーディネートの結果として実現する不安定な要素を含む働く場の提供にとどまっているとしても、働きもんの社会参加を実現する、場・関係・活動によって形成される一種の社会空間を形成する「実験プロジェクト」に成功したということができます。地元企業が担う働きもんの応援団の最初の摸索であり、「実験プロジェクト」ということができます。この社会空間の捉え方は、次に紹介する Team Norishiro によって、さらに補強されます。

● TEAM CHAKKA

　Team Norishiro が始まった 2020 年度から Annual Report が発行されています。そのなかに TEAM CHAKKA や薪割りでの働きもんの物語が掲載されています。「くすぶってなんかいられへん」をテーマに TEAM CHAKKA の働きもんが描かれています。最初の 2020 年度版からの「変わらんもんの最強」を紹介しておきます（改行文をつなげた箇所がありま

### 変わらんもんの最強（Team Norishiro Annual Report 2020）

> 高校を卒業して製造部品の会社に就職した。6 か月で辞めた。
> それから直ぐに違う製造会社に就職した。4 か月で辞めた。
> それから親戚の叔父さんに紹介してもらった食品会社に就職した。2 か月で辞めた。
> 僕には「しんぼうの無い奴」というあだ名が付いた。
> 人と話すコトがもっともっと苦手になった。
> 喋らない自分だけの時間が流れた。思い返せないぐらい風が吹かない時間。
> 1 年前。着火材を作る人を探していると僕の厳重な扉を通り抜けて聞こえてきた。
> 「火をつける」ガスも電気もあるのに…着火材でわざわざ。
> 着火材を作る現場を見に行った。同じ場所に薪ストーブがあった。生まれて初めて見た。
> 暖かかった。着火材は、人を暖かくするモノなんやと知った。
> その日から、僕は着火材を作っている。
> コロナという風が吹いて来た。マスクをして僕は着火材を作っている。
> どんな風が吹いても、<u>変わらん仕事と変わらん場所</u>が僕にはある。
> 今日の作った着火材で誰かが暖かくなったらええなと思う。

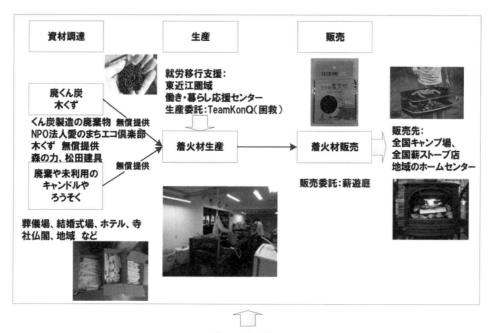

図2-5　着火プロジェクトの工程
資料）Team Norishiro Annual Report 2023

す)。他の「くすぶってなんかいられへん」も紹介したい気持ちですが、紙幅の関係で1つを選びました。もともとTEAM CHAKKAの働きもんの紹介は省略するつもりでしたが、野々村さんの応援団で、このAnnual Reportを編集している西村俊昭さんが必要性を強調されました。着火材の商品販売の役割を担う西村さんにとっては、商品を購入してくれている会社や利用者に対して、「働きもん」の変化の物語も、実は商品の付加価値に含まれているということを示したいという想いからのようです。「地域の応援」プロジェクトを支える立場からは、この物語なしの単なる着火材を販売するという仕組みだけでは、野々村さんのいう「アイテム」とはなり得ていないということになります。

　筆者がこの物語を選んだのは、西村さんの想いに加えて、下線（筆者）の部分が示す「定期的な働く場の創出」といったTEAM CHAKKAの意義を物語から深く理解できたからでもあります。なお、図2-5に着火プロジェクトの工程を示しておきます。着火材の生産のアイディアが、薪割りプロジェクトの展開であることがよくわかります。

## ❷ Team Norishiroの特徴

●Team Norishiroのミッションは中間的な社会空間づくり

　定期的な働く場は、行政が提案する「薪プロジェクト」がめざす地域循環の一翼を「薪割りプロジェクト」が担うなかで確保されることになります。それが2012年です。それを契

機に、野々村さんを多様な面から支える応援団が結成されます。応援団メンバーは3名で、連携団体に名前が記載されている西村俊昭さん、村山英志さん・山口美知子さんです。それぞれの得意分野から、野々村さんの福祉開発のマネジメントを支えたといえます。

薪割り事業や着火材の生産という定期的な働く場の継続は、働きもんの社会参加を応援するうえでの重要なアイテムですが、それらの事業を持続可能なものとするためには、事業の経営基盤の確立が必要です。それらの経営の安定という課題をも視野に入れたチームが、2020年のTeam Norishiroとして実現します。先の3名による企画・運営をはじめとする多面的な応援が実現し、事業の統合化が進むなかで、野々村さんの「地域の応援」プロジェクトは安定します。

アイテムをはじめ場の機能としては、Team 困救という場のノウハウがTeam Norishiroに継承されていることから、Team 困救がTeam Norishiroの生みの親といえます。Team Norishiroの「ノリシロ」の意味は、本人も地域の担い手となることでノリシロを拡げること、応援団の関わりシロの拡がりや支援のステージが拡がること、さらには本人を地域が知り、関心をもつことまでを意味しています。Team 困救の場合には働く場が変化しているのに対して、Team Norishiroでは定期的な働く場が維持されるという条件によって、その場に活動と、活動を通した関係性が蓄積されることが生まれます。Team 困救にTeam Norishiroが加わることで、本人にとってまた家族にとってもアクセスのしやすい、福祉の制度と市場の中間的な社会空間として機能できるステージが形成されたといえます。

**●中間的な社会空間の形成**

図2-6を用いると、本人にとってまた家族にとってもアクセスのしやすい中間的な社会空間は、次のような構造となります。働きもんの応援に作用する福祉制度（制度を担う行政①と事業所②）と、就労を通じて参加する市場（企業④）との間にあって、参加の要件となる手帳や技能の面でのハードルが低く、自発的な活動を担うTeam 困救＋Team Norishiroが、中間的な社会空間を形成しています。

図2-6は、Team Norishiroの働きもんの応援団の解説図（Team 困救を含む）を大幅に修正加筆したものです。福祉の制度①②と福祉の制度外③の領域を区別し、働きもんの応援の拡がりを福祉の制度との対比で表そうとしました。また、卒業して市場にある企業④に就職するツールを確保することで、市場に属する企業の応援団としての参加を促そうとしています。繰り返しになりますが、図2-6にあるように働きもん本人がその応援のプロジェクトに当たる2つのチームのメンバーとして参加している点が重要で、地域の困りごとの解決の担い手となっていることです。この点が、福祉の制度において容易には取り入れられない仕かけなのです。

Team Norishiroの結成は、中間的な社会空間を生み出しました。実践を通して確立したビジョンは、その点も含め次のように表現されています。「生きづらさを抱える人は課題で

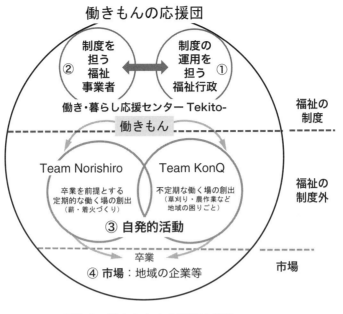

図2-6　働きもんの応援団の構造

はなく、地域の資源（宝もん）と捉え、地域に根差した働く場や集う場を創造することによって、地域のノリシロを大きくして、人口急減・超高齢化する地域社会を変革する」。また、チームの組織ミッションは、「年齢、経済条件、制度などに関係なく、生きづらさを抱える人すべてを対象に、地域に根差した働く場や集う場を企画・運営して、命を守り、地域で働き暮らしていく力をオーダーメイドで育み、彼ら彼女らの応援団を増やす」としています。

　Team Norishiro が有している場は、さらに大萩基地を整備することで、その機能を高めます。働きもんを中心として展開してきたプロジェクトに、働きもんを支える支援者の支援、さらには地域での当事者活動の支援といった、切り取らないための「地域の応援」へのさらなる展開がみられます。これらの展開を次の3節でふれますが、Team Norishiro の側から捉えるこれらの展開は、＋αという扱いを本書ではとっています。

## 3節　切り取らない「地域の応援」のさらなる展開──3つの応援

### ❶ 大萩基地で展開される「支援者支援（応援）」のプロジェクト

#### ●社会空間としての「マインド勉強会」

　2019年度に Team 困救が障害福祉部門における若手従事者を対象に、働く人自らが、自分の働く意味や価値に気づきを得るための「マインド勉強会」（働くマインド育成プロジェクト：図2-4を参照）を実施します。東近江市版ソーシャルインパクトボンド（SIB）の一

環で実施されたものです。コロナ禍が深刻化するなかで、福祉現場での働く状況にも変化がみられ、働く意義の動揺への現場での対応（支援者支援）が背景にあったといえます。

プロジェクトの効果検証の報告書のなかでは、相互作用が起こる心理的・物理的スペースを「場」と呼んでいます。「場」と聞くとミーティングルームのような物理的な空間のみをイメージしがちですが、人間同士の相互作用が生まれる時空間、そしてそこに関わる人々の関係も包含する機能をもっていることを明確にしています。この点は、先の社会空間における「場・活動・関係」とつながる指摘です。

「誰かの場」という拠点を確保することで、これまで以上に「マインド勉強会」の開催が容易になり、福祉の現場で働く若者の増加が進むとともに、価値創造思考の芽が生まれています。それは、若者が働く楽しさや喜びを見出すこと、働く現場の捉え方を変えること、同じ思考をもった人同士のつながりができ、若者の福祉現場での就労の定着率向上に貢献することが期待できます。勉強会から得た気づきを共有する場を作り、そこから生まれたコトバを見える化し、地域に拡げるためのアイテム（共感するコトバの地図と映像）を作る取組みが始まっています。

「実践の自慢大会」の要素も取り入れ、支援の従事者が社会福祉法人において貴重な存在となっている状況をふまえ、仕事での生きがいを確認するような、そしてその場がエンパワメントの場となるような勉強会が摸索されています。

● 「巻き込み方」×「巻き込まれ方」

大萩基地は、こうした学びの場としての機能以外に多様な場が想定されています。表2-1にあるような多機能な場となっています。注目しておきたい1つは、働きもんの緊急避難（セーフティネット）等の場が確保され、たとえば、彼らが地域で成長するための経験（ひとり暮らしの体験等）を積むことができる場所である「暮らしの応援の場」を提供し始めています。生きづらさを抱える「働きもん」の場以外にも、応援を担う人たちの学びやつながりの場としての機能が付与されています。とくに福祉関係の若い支援者の利用人数は、延べ61人と広がりを見せており、地域の場としての活用も進んでいます。

また、休眠預金活用事業による「空

表2-1　大萩基地の多機能な利用実績

| 利用目的 | 利用回数 | 利用人数 |
|---|---|---|
| 1. 働きもんの場 | | |
| 　ひとり暮らしの体験・実習 | 9 | 19 |
| 　セーフティネット | 5 | 9 |
| 　作業の休憩 | 5 | 14 |
| 　結の会 | 2 | 27 |
| 　その他 | 15 | 34 |
| 2. 学びの場 | | |
| 　若者 | 7 | 61 |
| 　親 | 1 | 2 |
| 　その他 | 5 | 19 |
| 3. 視察の仕上げの場 | 16 | 90 |
| 4. 食べる場 | | |
| 5. 地域の場 | 14 | 126 |
| 6. 飲み語る | 9 | 93 |
| 7. その他 | 20 | 122 |
| 合　計 | 108 | 616 |

資料) Team Norishiro Annual Report 2022

| 事業開始前　制度世界 | → | 事業完了時　ごちゃまぜ世界 |
|---|---|---|
| 組織の立場（担当者）<br>没個性<br>断続的<br>制度内での役割<br>専門性<br>部分的・機能的な人間関係<br>組織の損得（利己）<br>孤立 | | 個人<br>個性的<br>継続的<br>取組に合わせた役割<br>汎用性<br>全体的・包括的な人間関係<br>善意と内発性（利他）<br>連携 |

図2-7　「制度世界」から「ごちゃまぜ世界」への変容

き家を活用して命を守りつなぐ場づくり」事業の報告（2020-23）のなかでは、「障がい福祉部門で働く若者」の変容モデルが示されています。制度に縛られない、大萩基地でのさまざまな活動が渦巻の中心となり、「巻き込み力」の強いパワーと「巻き込まれ力」の柔らかなパワーで「制度世界」が「ごちゃまぜ世界」に変わりつつあるとしています（図2-7）。ここで注目したいのは、福祉開発のプロジェクトにおけるマネジャーとしての「巻き込む力」の強いパワーというよりは、福祉部門で働く若者がプロジェクトの動態のなかで「巻き込まれ力」の柔らかなパワーをもつことになる点です。つまり、マインド勉強会に巻き込まれるなかでごちゃまぜ世界の「取組に合わせた役割」や「汎用性」が発揮できるようになる変化が重要です。さらに、「地域の応援」プロジェクトには、こうした「巻き込まれ力」の柔らかなパワーをもった人たちが参加してくれる条件が必要となります。

　以下の「難病応援センター」を受け入れた五個荘地区のまちづくり協議会や自治会連合会では、「巻き込まれ力」の柔らかなパワーを、地域での「応援合戦」として表しています。この難病応援センターの応援プロジェクトをめぐる野々村さんの取組みを中心にみておきます。

## ❷ 地域に根差す「難病応援センター喜里」の応援

### ●地域に根差す「難病応援センター喜里」

　全国的にもめずらしい「難病応援センター」が東近江市の五個荘地区に立地し、地域交流の拠点の1つとして機能しています（2023年3月開設）。その立地のプロセスを学ぶセミナーが、市の福祉政策課と日本福祉大学福祉政策評価センターとの共催で開催されました。そのセミナーのなかで、難病応援センター喜里の事務局長の井上克己さんは、「応援が集まる応援が行き交う地域」をテーマに講演しました。その後に開催された野々村さんとの対談によるエピソードを、以下に紹介します。

　同センターの「場」の機能としては、難病の人たちや家族が気楽に足を運べる場（難病サロンやカフェ）、ちょっとした相談ができる場（ピアサポート）、体調に合わせて働く場（作業所）、地域の方々にも関係がある場（交流・イベント）、ゆるやかにつながりあえる場が整えられています。開設過程のなかで、五個荘まち協、コミセン、地区社協、自治連などが協

力する形で、地域への説明会がこれら組織との共同主催で開催され、募金活動にまで発展するなど、文字どおりの「応援団」（応援合戦に発展）として機能しました。

開設後には、コミセンのカフェで活動するボランティアさんが、出張で難病応援センターのカフェを手伝っています。また、チャリティマルシェ開催など地域との交流も進んでいます。

● 応援センターの応援エピソード

野々村さんによって企画されたフィールドワーク型研修において、難病応援センターの「応援」のエピソードが井上さんと野々村さんの対談で展開されました。その対話を再現しておきましょう。

写真2-1　井上さんと野々村さんとの対談

井上：「応援センターって名前にしようと思うねん」と言ったら、野々村さんが「先にセンターに応援をつけたのうちの方やと」とクレームを言うのですよ。その時、「地域に応援いっぱいあったらええ。いろんな応援が行き交わるのが優しい地域や」と言い返しました。

野々村：でも、難病応援センターを応援してきましたけど。最初に井上さんから相談があったとき、「就労のことどうするや」って話を切り出しました。

井上：就労のことは一切イメージがなかったんです。居場所を作ろうみたいなことを中心に考えていたので。でも確かに「暮らす」ってことと「はたらく」とセットで考えてないとあかん問題と気づかされました。

野々村：養護学校の先生やった井上先生が養護学校を辞めて、難病応援センターやると言わはって。ほんまの難病の当事者のおっさんがやるって無理やって思った。理事長の藤井さんも私も難病や。それに、500万円足りんらしい。そこで、封筒募金を始めたんですよ。

井上：助成金も申請し、当時建設の時には休眠預金の助成をいただいた。クラウドファンディングもしました。それでも足らんということで、野々村さんがよっしゃって。インターネットを使わずに、面と向かってお金をいただくっていう活動をしてくれはった。実はそうやって1軒1軒回ってくれはったのが、一番たくさん集まりました。

野々村：金が足りんのは、難病応援センターを知ってもらうための最大の「アイテム」と思ったんです。難病応援センターから遠くにある人にお金を集めに行ったんです。県庁でも障害福祉より下水道課とか農林水産とか。何でかっていったら、井上さんがいつもなかなか当たり前にならへんことが多いと言ってので、一番遠くから攻めるのが当たり前に近づくことかなと。

2節までの野々村さんのエピソードあるいはチーム〇〇のプロジェクトとしての応援活動とは異なる次元での「地域の応援」となっています。つまり、難病応援センターという地域の難病の人や家族を応援しようとする組織やプロジェクト、さらには拠点についての応援、つまり「応援する人・組織・事業の応援」ということになります。もちろん、この応援も、野々村さんがめざす「地域の応援」プロジェクトの重要な分野を構成しています。本節では、応援する人の応援を扱うことになります。その最初に、難病の人の就労を視野に入れた社会参加の応援の応援を取り上げたことになります。

　野々村さんの「就労のことどうするや」に対して、井上さんの「就労のこと一切イメージがなかったんです。居場所を作ろうみたいなことを中心に考えていたので。でも確かに『暮らす』ってことと『はたらく』とはセットで考えてないとあかん問題と気づかされました」の意義はとても大きいといえます。つまり、生きづらさ（難病）を抱えた人の社会参加において、本節のタイトルにある「切り取らない」、たとえば居場所の問題のみとして切り取らないという野々村さんの問題提起によって「はたらくのない暮らし」が回避されたといえます。

## ❸ フィールドワーク型研修プロジェクトの実施計画への採用

### ●フィールドワーク型研修プロジェクトへの期待

　東近江市での重層的支援体制整備事業実施計画は、2023年度末に作成されました。

　先の「難病応援センター」をめぐるセミナーは、その作成のプロセスのなかで取り組まれました。2022年度から行政職員への他分野への越境を醸成するために開始されたのが、「フィールドワーク型研修プログラム」です。2023年度には、興味深い2つの研修が実施されました。楠神渉さん（NPO法人加楽代表）の企画による「まちのわかいぎ」（2024年2月開催）で、官民協働で地域の課題解決を図るラウンドテーブル「まちのわかいぎ」の取組みを題材として、官と民の協働、民と民の協働、官と官の協働を進める方法を考える研修です。もう1つが、先の野々村さんの企画による「難病応援センター」（2024年3月開催）です。

　東近江市における大きな特徴として、民間の実践で先行しながら、行政との官民協働が進んでいることにあります。楠神さんも野々村さんも、民間の実践をリードする立場で、このフィールドワーク型研修を企画・運営しています。その先行する民間に、市行政がどのように追いつくのかを考える場や機会を提供するのが、行政職員への他分野（行政上の他分野および民間分野）への越境を醸成するためのフィールドワーク型研修プログラムなのです。

　重層的支援体制整備事業の実施計画（図2-8）においても、計画4の項目の「地域づくりをめざす重層的な人材の発掘・育成」において、同フィールドワーク型研修プログラムの成果が位置づけられたところです。2025年度も継続して実施されることになります。

　他方、これまで見てきた民間ベースの「働きもんの応援プロジェクト」は、直接行政計画の1つの事業に扱うことの難しさがあります。計画への反映としては、1つに〈計画1〉の、「地域共生をめざす官民協働プラットフォームの形成－全市・地域別」において、その民間発の

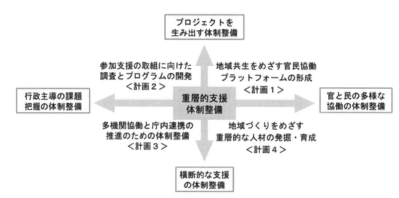

図2-8　東近江市重層的支援体制整備事業実施計画の4つの計画の柱
資料）東近江市重層的支援体制整備事業実施計画（2023年度）より

プラットフォームの実績として評価され、さらに広範囲の官民協働の摸索がなされることの土台として位置づけています。関連するもう1つの計画項目は、〈計画2〉の「参加支援の取組に向けた調査とプログラムの開発」です。文字どおりの参加支援として行政が進めるプログラム開発に協力・協働する関係となります。

実施計画の作成に先行する2022年度のモデル事業において、東近江市の参加支援事業は、一般的な職業に就く「一般就労」が難しく生活支援が必要な対象者の社会参加をめざす「参加支援」の促進と、地域の活性化に向けた中間的就労支援体制の整備を目的とする事業で、Team Norishiroが取り組んできました。その後Team Norishiroに加えて、難病応援センター、さらには若者支援の「おむすび」といった活動団体が共同体事業として受託しています。共同体は、プラットフォームの形成を展望する組織体を意味しているともいえます。

また、計画では民民協働のもとで進む地域共生のための生きづらさを抱える人の社会参加の応援を受け止め、官民協働でのプラットフォームの形成へと推進することが明記されることになりました。2025年度は、こうした新たなTeam Norishiroをはじめ、難病応援センター等が参加するプラットフォームの形成に取組むことになります。その段階では、計画4の地域づくりをめざす重層的な人材の発掘・育成との連携も必要となります。〈計画4〉の1つの取組みは、地域づくりに向けた支援の事業化の一環として、自分の分野から一歩踏み出して活動する重層的な地域支援人材の育成を、地域づくりにおいて共通する点があることから、まちづくり協働課と連携して推進することを宣言しています。

●進行管理の委員会への当事者参加

こうした背景もあって、2024年度に始まった重層的支援体制整備事業の実施計画の進行管理の会議においては、オブザーバーとして「難病応援センター」の井上さんが参加しました。進行管理の委員である野々村さんの応援の発想は、研修の場（計画4への展開）にとどまらず、重層的支援体制整備事業の進行管理の場においても見られました。多様な参加支援のプロジェクトを進めるうえで、実践者間の協働（応援）の必要が確認され、所管課の福祉政策課とし

ても限定された参加支援事業を超えた事業展開を展望することが示されました。難病応援センターによる参加支援事業の受託の可能性が高まりました。なお、進行管理の委員会にオブザーバーとして参加した井上さんは、次のように「応援」の意味と必要性を述べています。

「本日の委員会への参加は、支援の仕組み作りの協議に参加していることを今、改めて気づいた。難病の人、制度で解決できないことが多い。障害者手帳や区分もたない人、サポートできる仕組みがない。相談の場所も迷う状況にある。体は病院だが生活の困りごとは保健所なのか、行政なのか。そのときに難病応援センターがあれば相談しに来てくれる。いろんな情報が集まるところとしてのセンターの意義は大きい。制度で対応できない人は難病の人だけではない。そこに関わる人の共通の思いを理解していくことが大事だと実感している」。

## おわりに ── 二軸で整理する野々村さんの思考様式

第2章の編集上の特徴は、野々村さんが開発していくストーリーを3つの段階（3つの節）に分けながら、それぞれの段階における「地域の応援」の考え方、プロジェクトの内容やマネジメントの発展を対比的に表現している点です。

1節では、物語とストーリーの区別を用いて、野々村さんの応援の方法を「頭の中」から「地域の中のプロジェクト」へと発展する変化を紹介しています。そのためには、地域の困りごとを取り込むための野々村さんの応援団チームが必要であり、その結果、戦略性のあるストーリーが実現しています。ただし、野々村さんが語る物語と開発されたプロジェクトのいずれも、「地域の応援」を生み出すための考え方は共通しています。

2節では、Team 困救と Team Norishiro の比較と発展的な役割を扱うことで、非定期と定期の働く場の創出がもたらす社会空間としての有用性を明らかにしています（図2-6）。とくに地元企業の社会空間への参加が実現することで、これまでの制度福祉の手帳要件がもたらしていたアクセスの制約を改善し、働きづらさを抱える人が「働きもん」として登場することが容易になったことにふれていました。

3節では、これまでの困りごと（地域の環境や地元の企業）にとどまらず、働きづらさを抱える人の支援を担う人（民間福祉事業の従事者や行政の人材）の不足や成長の課題を「新たな困りごと」として位置づけ、「地域の応援」プロジェクトに加えたことです。福祉（人材）開発プロジェクトといえるものです。この民間発の取組みが、東近江市の重層的支援体制整備事業のなかで、参加支援等の機能として評価され、新たな官民協働のなかに取り入れるために、プラットフォーム作りが重層的支援体制整備事業実施計画に採用されています。また、同実施計画の「地域づくりをめざす重層的な人材の発掘・育成」では、「マインド勉強会」の成果として指摘された「巻き込まれ力」の柔らかなパワーを身につけた地域人材が発掘されることが期待されます。

# 第3章

## 叶え合う参加支援プロジェクト
## ──AU-formal（久留米市）

### はじめに

　叶え合う参加支援プロジェクトを主宰する中村路子さんは、ひとり親支援拠点「じじっか」を出発点に、同プロジェクトを展開しています。中村さんが開発しているのは、「叶え合う（参加）支援」に伴う多様なプロジェクトです。

　中村さんのパワーポイントには、とても素敵なイラストが登場します。この執筆作業をはじめ何度となく中村さんと議論をしてきましたが、その途中に「少し頭が疲れた」と言っては、私の作成資料の裏を利用して、イラストを描いていました。とても不思議な人なのです。さらに、イラストに添えられているコトバがとても優れてレトリックなのです。「実家よりも実家＝じじっか」「ひんこんぴんぽん（貧根自覚）」「解決より関係性」といった具合に、次から次と刺激的なフレーズが登場します。しかもそれがリアリティある現場感をもっているのです。つまり、文脈を引き連れて登場しているのです。イラストに添えられているコトバという順序ではなく、コトバの文脈に添えられた現場の不思議な表情ともいえるイラストといったほうが正しいかもしれません。地域福祉を編集として捉えてきた筆者にとって、お気に入りのイラストを中村さんの許可を得て、イラスト3-1に掲載しました。

　野々村さん（第2章）の「語録」の解釈にも苦しんだのですが、「アートなマネジャー」としての中村さんへの接近も簡単ではありません。そのことを理解していただき、ちりばめられたイラストとレトリックを楽しみながら、本章をお読みください。

　ちなみにミンツバーグさんは、マネジャーの3つのタイプとして、アート、クラフト、サイエンスをあげています。

イラスト3-1　地域と福祉の編集
資料）中村路子さん提供

アートのタイプでは、「アイデア、触感、ハート、戦略、鼓舞する、情熱がある、斬新、想像、見る、可能性は無限！」の各項目が、他のクラフトやサイエンスを表現する言葉（項目は省略）よりも、選択されるとアートのタイプに近づくことになる仕掛けです。

## 1節　「じじっか」という参加拠点プロジェクト

### 1　「じじっか」を生み出した「かけ合わせ」の文化

　叶え合う参加支援プロジェクトは、ひとり親支援拠点「じじっか」を出発点に展開しています。その拠点を活用しつつ、一般社団法人 umau.（他3団体とともに）は、久留米市家庭子ども等相談課から、支援対象者子ども見守り強化事業として、食材配達（約100食）と学習支援（5名）を実施しています。「じじっか」は、「対象者でも利用者でもない、暮らし合う家族が集まる組織です。だからこそ実家（じっか）よりも本音が話せて、抱えていた重荷を下ろせる」拠点として表現されています。

　ところでどのような経緯で中村さんはじじっかに辿りついているのでしょうか。図3-1の中村流のイラストが入っている系譜図によると、はじまりはフリーランスの女性たちのコミュニティ（community of interest）を出発点としつつ、小学校区の地理的なコミュニティとのつながり（ローカルログイン）を意識した「久留米10万人女子会」（2018～）の取り組みにさかのぼることになります。久留米で拡がりをみせるコンソーシアム（障害福祉分野の社会福祉法人理事長である馬場篤子さんのリーダーシップ）との融合（かけ合わせ）を経て、ひとり親家庭の当事者コミュニティ（じじっか）が生まれます。地域との共生を意識する当事者コミュニティづくりには、コンソーシアムでの地域福祉に関する活動経験が大きく影響しています。この点は、次の2節で詳述しています。

　この「じじっか」から、重層的支援体制整備事業に参加する「AU-formal」への経緯には、図3-1にある「叶え合う支援」というキーワードの形成が大きく影響しています。この「叶え合う」活動については、「じじっか」のなかで生まれたプロジェクトを通して自信を得た支援の考え方が反映されています。地域共生という社会の実現に不可欠な支援の枠組みが、「叶え合う」という支援であり、フォーマルとインフォーマルの協力が形成される空間を作り出すというミッションが含まれています。どこか「叶え合う」の発想のなかには、相互に楽しむといった女子会活動の経験も作用しているように感じられます。

　「AU-formal」というのは、この空間を表現したもので、中村さんたちの造語です。両セクターが出合う、協力し合う空間が、フォーマルとして形式化（フォーマライゼーション）されることが企図されています。なお、詳細な解説は2節の2でなされます。

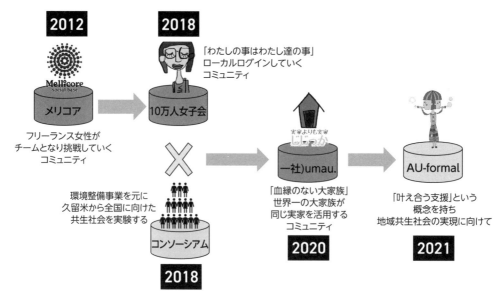

図3-1 「かけ合わせ」から生まれた「じじっか」
資料）中村路子さん提供

## ❷ 「じじっか」における当事者文化

### ●貧根（ひんこん）自覚

中村さんは、「ひんこんぴんぽん」と題されたエッセーのなかで、「本音が話せて、抱えていた重荷を下ろせる」ことの本質を描いています（『隣人時代 2023』）。イラストともに、その一部を紹介します。

> わたしたちは、"じじっか"という現場で、当事者がお互いの「暮らしの裏側」にふれ合うことで、自分たちの生き方を見つめ、変わっていくとともに、貧根*の当事者として自身の貧しい状態と理由を"自覚"することが重要だと思い始めた。
>
> 無自覚に人を責めるような言い方、物事に対していつも同じ選択になる思考、自分の考えがすべて正解と思い込んでいる価値観など、その人の無意識の領域にまでに浸透している思考回路にこそ"貧困"になる要素があると考える。
>
> わたしたちは「貧根を自覚する」ことを「ひんこんぴんぽん」（貧根自覚）と呼んでいる*。

イラスト3-2
資料）図3-1に同じ

---

＊ 家計・学力・孤立・衣食住などの"見えやすい貧困"に至った根本として、幼少期からの経験・承認欲求・自己否定・物事の選択・捉え方や考え方などの価値観など"見えない貧困"が、原因・要因として存在するのではないかと考え、私たちは根本的な貧困の原因を「貧根」と示している。

●余白をつくる人生プロジェクト：「3分の1生活」アクション

　貧根自覚をめざして、あるいは踏まえて取り組まれた余白を作る人生プロジェクトが、「3分の1生活」アクションです。「余白をつくる人生プロジェクト」のネーミングは筆者によるものですが、余裕のないひとり親家庭の生活において、抱えていた重荷を下ろせる活動は、文字どおり人生の余白を作ることを意味しています。

　「3分の1生活」アクションの対象は、図3-2のようなお金・子育て・時間・心の4つの分野に及んでいます。「お金」では、各家庭の家計で同じ項目をシェアし合うことで出費を制約する方法です。「子育て」の親の責任を3分の1にするために、親だけが子育てを背負わずにみんなが愛をもって関わり合う。

　「時間」では、毎日のルーティンを3分の1にするために、各家庭で行われている毎日の家事や仕事を重ね合わせる。最後に「心」を取り上げ、精神的不安を3分の1にすることもアクションに含めています。孤独感や不安感を仲間同士で共感し理解できることで軽減するために、弱音を吐けることや認められる場として、「じじっか」が機能することを想定しています。

　貧困に紐づく4つの要素（貧根）を自覚し合うアセスメント活動を経て、仲間同士で「支え合う」ことをめざす余白を作るプロジェクトは、表3-1のような主たる活動を生み出しました。それらは今よりもっと頑張り困窮状態を打破していくのではなく、今の状態でも仲間と支え合うことで、負担と不安を軽減し、豊かになる方法を見つけていく、シェアな（支え合い・分かち合いの）メニューを開発しています。

　「じじっかの週末」は文字どおり金土日の食事を「じじっか」が提供するとともに、その食事の時間は同時に余白としての親子の間、他の家庭との間の交流や仲間意識を醸成する時間を生み出しています。また、「プラスα就労」は、困難を抱えた人も働けるような、働きたくなるような場を創出することも視野に入れています。それが社会参加の一歩となる視点も含めて企画されています。

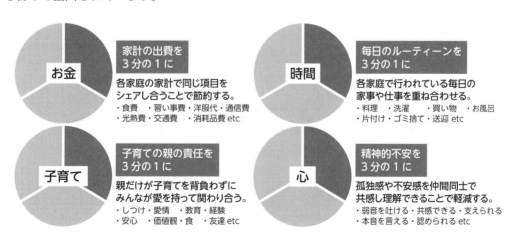

図3-2　「3分の1生活」アクション
資料）図3-1に同じ

表3-1 「3分の1生活」化するためのプロジェクト

| | シェアメニュー（支え合い）の内容 | 個人変化と環境変化 |
|---|---|---|
| 1 じじっかの週末 | ・時間と空間と食卓を共にする<br>・子ども達に我が子として携わる<br>・感動や感情や過程を共有する | ・信頼できる仲間（家族）ができる<br>・健康と節約が同時にできる<br>・安心という財産をゲットする |
| 2 リリボン循環 | ・地域からの支援を頂戴する<br>・全員が小さな努力をする<br>・みんなの手作りがお金を生み出す | ・子ども達の自立と教育<br>・新しい福祉サービス<br>・どこでも真似できるモデル |
| 3 自分流計画 | ・若者の成長をみんなで応援する<br>・応援する「なな親」が仕送りをする<br>・若者本人が自分流をテーマに挑戦する | ・希望と自信の創出<br>・地域子育ての実現<br>・寄付するだけではない寄付仕組み |
| 4 プラスα就労 | ・社会人としての責任を分担する<br>・家計簿の項目をみんなで増やす<br>・働きたくなる場の創出 | ・困難を抱えた人も働ける形<br>・困窮家庭に未来への光が差し込む<br>・社会参加への第一歩 |

資料）図3-1に同じ

　じじっかの「自分流計画」は、親にとってのエンパワメントにつながることをめざして、15歳から25歳までの若者がじじっか家族とともに自分流の未来を描いていく計画作成にあたります。そのプロジェクトの背景には、自分流の生き方を選び取る環境、すなわちひとり親家庭の関係性の狭さがあり、希望や自信の創出を可能にする関係の拡がりをめざすものです。じじっかの当事者文化として本人の自分流があり、それを若者にも継承し、すなわち余白の先の挑戦のある人生を応援しようとするものです。「リリボン循環」は、食品や衣類などを「当たり前にもらうこと」が常態となるのを避けるために何かしらの対価を払うものとしてリリボンを編むという仕掛けです。子どもも参加できる地域の循環活動に当たります。

　この3分の1生活の発想は、ひとり親家庭の課題を軽減することをめざしているものの、あとに登場する「叶え合う支援」に接近する「余白」づくりにターゲットがおかれているように思われます。問題や課題に向き合うためにまず時間や心に「余白」が必要であり、それを生み出すことによって、課題を受け止めることができます。そこに「3分の1生活」のメッセージがあります。以下の文章でいえば、タイミングを作っているともいえます。さらにいえば、解決に向かうための合理性を当事者が見出すことを主張しています。この合理性が、その後の「叶え合う支援」という中村さんの活動理念に一貫性を与えているように思われます。さらに言えば、プロジェクトの戦略的なマネジメントといえるものです。

　　支援者と呼ばれる人達も規則の中で出来るだけ知恵を働かせ全力投球してくれている。
　　制度のあり方が、当事者のニーズにそぐわない形になっているのかもしれないし、人にはそれぞれのタイミングもあるから進まないのが当然のことなのかもしれないけど、制度やサービスだけに頼る「支援」だけでは、貧困は解消されない。（「ひんこんぴんぽん」から）

## 2節　「叶え合う支援」の開発と普及のプロセス

　コロナ禍のなかでも「くるめコンソーシアム」は、多彩な活動を展開します。久留米市（所管：地域福祉課）はその展開に巻き込まれながら、「地域福祉はロマン」として、新たな地域福祉への「関わりしろ」を広げる取組みをモデル事業とともに進めます。その関わりしろの拡がりは、新たな地域福祉をめぐる意見や提案に対して、ロマンと表示のある軍手を文字どおり「いいね」の感覚で手が上がる光景に代表されます。この光景は、地域福祉研究者にとって衝撃なものです。市は、重層的支援体制整備事業の本格実施に向かうなかで、「地域福祉ロマン」のデザイン化を、2022年度の「久留米らしい重なり方デザイン事業」において実験します。そのなかで、「じじっか」の経験を踏まえた AU-formal が生まれ、「叶え合う支援」のプロジェクトが現実化します。2節ではこのプロセスを描きます。

### ❶「地域福祉ロマン」の事業化デザイン

#### ●地域福祉から捉える重層的支援体制整備－久留米市の特徴

　AU-formal の登場までの久留米市の取組みを整理すると、図3-3のように2つの事務局によるプラットフォームの展開として整理することができます。民間の事務局による、「久留米コンソーシアム」から興味深いプロジェクトが生まれてくる段階と、同コンソーシアムに巻き込まれながら参加してきた地域福祉課が、重層的支援体制整備事業の本格実施を展望して、その成果を踏まえ官民協働のプロジェクトの推進を図ろうとする取組みの段階とに分けて整理できます。その連結部分に新旧地域福祉の融合がめざされた興味深い時期があります。地域福祉課は、久留米コンソーシアムに巻き込まれるなかで、図3-3にある地域福祉に引き寄せたプロジェクトを2つのコンセプト（ロマンとNEO）のもとに立ち上げます。

　2020年度に取り組まれた「地域共生に向けたプラットフォーム創出事業：地域福祉ロマン」（包括的支援体制構築事業）、2021年度には、地域福祉計画の推進のための「支え合うプラン取組推進事業」の普及をめざして、包括的支援体制整備事業のモデルである地域力強化推進事業の「地域福祉NEO」プロジェクトを展開しています。これまでの社協と行政による官民協働や抽象的な官民協働の事業展開ではなく、「すぐそばの実現」（第1章）といった具体的な事業を生み出すプロジェクトの運営が展開されています。それぞれの問題解決の芽が、どのように恒常的な事業として展開されるのか、それはそれぞれの実験結果に拠っているといえます。

　地域福祉課の視点からでは、コンソーシアムという民間主導のプラットフォームを土台に、重層的支援体制整備という行政主導の仕組みをどのように接合するのかが課題であり、これらの取り組みは民間が提起する自由度の高いプロジェクトの延長線の流れを崩すことなく、行政の事業化を推進するプロセスと見ることができます。「地域福祉ロマン」では、新旧の

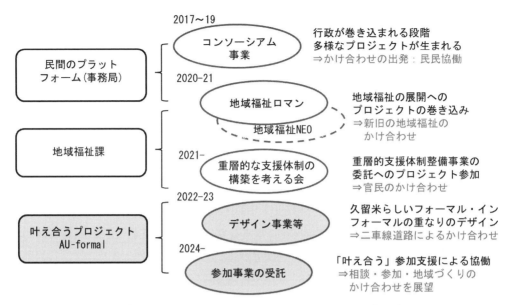

図3-3　プラットフォームから生み出されたかけ合わせプロジェクト

地域福祉の融合を図りつつ、ロマンを語るための条件として「課題より可能性」、そして「知識より意識」の転換を進める役割が大きいといえます。

こうしたコンソーシアムに行政が巻き込まれるなかで、官民協働として「解決より関係性」を視野に入れた地域福祉を土台にした重層的支援体制整備事業の展開が着手されることになります。その新たな舞台として機能したのが、重層的支援会議とは別に設置された「重層的な支援体制の構築を考える会」です。

● 久留米らしい「重層的なデザイン」への応答

重層的支援体制整備事業における多くのプロジェクトは、このコンソーシアムから生まれています。官民協働の運営というよりは、地域福祉課は文字どおり巻き込まれながら、その模索の1つとして、先の「構築を考える会」が生まれているといえます。また、「久留米AU-formal実行委員会」（以下、図3-6を参照）も、「久留米コンソーシアム」から生まれたもので、新たなプロジェクト「AU-CASEプロジェクト」を支えるプラットフォームの機能を果たしています。

「AU-CASEプロジェクト」は、手を挙げた市の公募「久留米らしい重なり方デザイン事業」（2022年度）を受託したプロジェクトの名称です。市は、「人と制度、人と人の関わり方の現状を捉え直し、フォーマルなサービスとインフォーマルな力の重層化を検討・実践することであり、その結果として、地域での人と人との関わりの重層化もめざし、久留米らしい重なり方をデザインすること」を目的として公募しました。その公募に至る理由を、次のように自己評価を踏まえて市は説明しています。「久留米市は、令和3（2021）年度から重層的支援体制整備事業を開始し、初年度は、高齢・障害・子ども・困窮の4分野の関係機関な

どが重なり合い、支援基盤を整えてきたが、その基盤は『フォーマル』な組織を中心とした構成で、市内で活躍する多くの活動者や住民同士の支え合いの動きといった『インフォーマルな力』を十分に組み合わせることができていない」とし、このデザイン事業の提案に至っています。

## ❷ 「叶え合う支援」というプロジェクトの成果報告

　「叶え合う支援」という考え方が生まれたのは、「久留米らしい重なり方デザイン事業」への応募を契機としています。「叶え合う支援」とは、「叶え合う」と「合う支援」の合成で成り立っているというのが、中村さんの整理です（図3-4）。

　「叶え合う」とは、「課題」に着目し解決するのではなく、当事者の「願い」を叶えていこうとする「関係性」によって、当事者および住民にとって関わり合いたくなる状況の場が生まれることを意味しています。

　もう1つの「合う支援」は、支援する・されるの関係性ではなく、参加するお互いへの効果、たとえば相互自己実現が形成されるなどをめざしています。その期待される成果がフォーマルとインフォーマルの協働が実現する空間のなかで生まれるものであり、その空間を「AU-formal」と名づけています。

　この支援の枠組みは、すでに指摘したように、「じじっか」のなかで実感され、その後のモデル事業において強くめざされたものです。その成果が問われたのが、2023年2月に開催された「重層的な支援体制の構築を考える会」（図3-3を参照）での中村さんの報告です。

### ●「重層的な支援体制の構築を考える会」の場での成果報告

　同「構築を考える会」において、デザイン事業のなかで取り組んだ「叶え合う支援」の成果の集約として、3つの事例が報告されています。その1つが「K君の成人式に行きたい」という事例です。

　K君は中学時代に野球部のキャプテンを担い、友人も多くいたものの3年生のときに体調を崩し、精神科病院に1年半入院してから、自宅で暮らすも長期間フリーズするなど、思うように動けない状態にあります。一方で制度での対応において、母親との折り合いがつかずうまく支援が進んでいないこと、他方で、インフォーマルな対応においては、友人とのオンラインが確保されるなか、「成人式に行きたい」

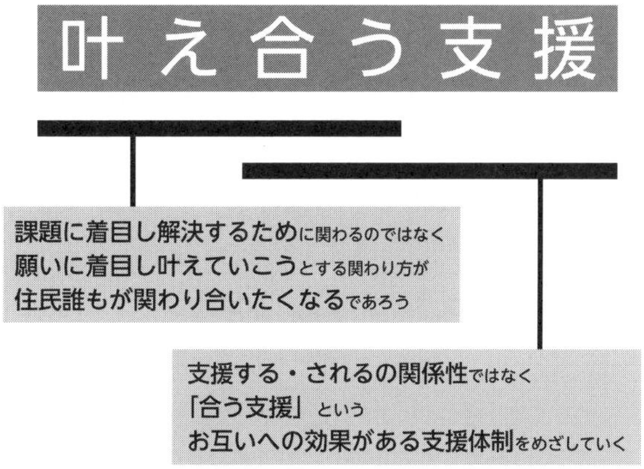

図3-4　合成された「叶え合う支援」
資料）図3-1に同じ

という願いが明らかになってきます。身体面での訓練や生活リズムを整える支援とともに、同級生とのギャップや会いたい野球部監督の恩師の受け入れなどの関係調整も必要となることなど、叶え合う支援のために用いられる「AUシート」（〜したいを浮かび上がらせる工夫されたシート）によって明らかとなります。

　図3-5の支援の実現プロセスの流れを示す円には、外側の生活支援を支える制度の利用と、内側の願いを叶える関係調整の段取りをとる支援の、いわゆる2車線が描かれています。そして、フォーマルとインフォーマルの目的を示すWフラッグが表記されています。関係調整の段取りでは、たとえば実行委員会のメンバーである藤野さん（久留米市手をつなぐ育成会の代表理事）らが、「ツテ」をたどるなかで関係調整が進み、無事監督や友人との再会が実現します。

　他の2つの事例についても、フォーマルとインフォーマルの役割関係、課題と願いの支援の関係が整理されます。これを契機に、専門機関のメンバーも、中村さんたちの「叶え合う支援」の意義や論理への理解が進みます。ただし、専門機関のメンバーにおいても、課題だけを視野に入れている訳ではなく、願いへの関心があるとの意見が出され、フォーマルとインフォーマルの役割の相互作用が進むことの重要性が強調されました。つまり、「叶え合う支援」における「叶え合う」における本人と支援者だけではなく、より願いの実現の可能性を高めるために「合う支援」におけるフォーマルとインフォーマルの協働を推進すること

図3-5　K君の叶え合う支援の実現プロセス
資料）図3-1に同じ

が必要なのです。とくに、「ツテ」をたどるような調整方法や時間外での対応などにおいて、専門職の業務の弾力化をどう実現するのか検討が必要となっています。

中村さんたちの試行錯誤は、2023年度に持ち越されます。2023年の10月の「重層的支援会議」（重層的支援体制整備事業上の正式な会議）では、「自宅内外がゴミで溢れているケース」のモニタリングおよび再プランが検討されています。その場では、社会福祉協議会（多機関協働事業者）からのケースの振り返りにおいて、上記の2車線の枠組みを採用した内容が報告されました。「叶え合う支援」が専門職との間での普及を示す結果があらわれました。

### ❸ 「叶え合う」の支援の開発と普及を支えるチーム

#### ● 「久留米AU-formal実行委員会」というマネジメント組織の形成

プロジェクトの実践チーム（Direction）の単位は、「久留米 AU-formal 実行委員会」（C）です（図3-6）。同実行委員会は、じじっかをはじめ、困窮支援や障害者支援（手をつなぐ育成会）の団体、地域福祉やまちづくりなどの16の団体に属する個人から構成されています。福祉分野に限定されない拡がりを持っているとともに、それらが有する関係資源の豊かさ、視点の多様性がみられます。とくにマネジメントを担うのが、市役所の職員も参加するチーム（D）です。全体の戦略・方向性・計画成果等を導く役割を担っています。

「叶え合う」には、住民にとって関わり合いたくなる状況をつくりだすことは1つの使命であり、その実行団体（B）の外側に、「住民自らの立場・生活者として関わっていく」空間が関わりしろとして用意されています。地域福祉に根ざしたオープンな環境を形作ってい

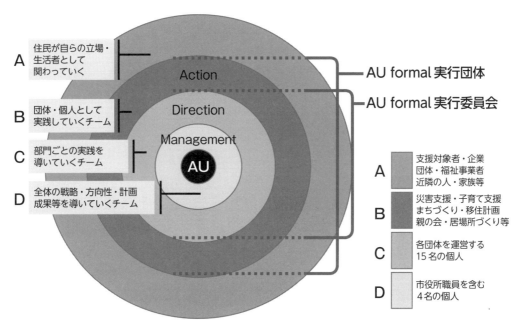

図3-6　活動主体としてのAU-formalの構造
資料）図3-1に同じ

ます。

　中村さんの所属する組織は一方で当事者活動の「じじっか」（一般社団法人 umau.）であり、他方でまちづくり系の「まちびと会社ビジョナリアル」です。実行委員会も、構成する団体の協力関係はあるとしても、直接チームとなっているのは、個人単位です。その意味では、第2章の野々村さんのように、社会福祉法人や障害者就業・生活支援センターの福祉制度上の組織への所属といった安定性はありません。実際のマネジメントをコアメンバー4名（D）が担っています。

　ただし、機動力として、先の K 君の事例にのように、「久留米 AU-formal 実行委員会」の有するネットワーク資源（事例上の整理としては「ツテ」と表現）がインフォーマルな支援を豊かにしているといえます。本人の願いや希望を叶えるための条件においては、こうした地域社会のなかの後方的なネットワークの存在が大きいのです。

　2022 年度デザイン事業の成果報告の作業では、先の2車線道路が交互に行き来するモデルに変更されることになります（図 3-7）。また、ツテの活用においても、「ツテたぐり」と言語化され、「いつでも、必ず、つながっていく伝手プラットフォームが存在する地域、『関心の在りか』により、本人に必要な力は、きっと地域の人達も多く持っているもの。人から人へと伝手をたどり、地域全体の力で願いを叶える」と AU-formal の方法として位置づけされています。

　2023 年度の事業では、インフォーマルである市民活動団体の間でも日常的に関わり合う関係性がなければ、相談が投げ込まれても受け皿になり切れないことを踏まえて、AU BOX という名称で、市民活動団体や中間支援組織等の団体が参加する LINE グループをつ

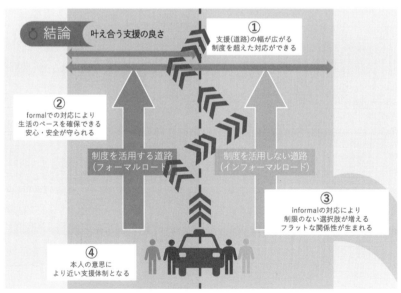

図3-7　ジグザグ型の2車線
資料）図3-1に同じ

くり、日常の支援における困り事を投げ込むことを展望しました。加えて、このネットワークに参加する団体間で月1回のネットワーク会議も開催しています。

## 3節　AU-formalという参加空間

### ❶ 試行的な「デザイン事業」から、成果が求められる「参加支援事業」へ

2024年度の参加支援事業の公募での提案を受けて、AU-formal実行委員会が重層的支援体制整備事業の担い手となりました。筆者は、この参加支援事業の進展に関心をもち、定期的に進捗状況を観察（場合によってアドバイスを行う）しました。観察しているのは、図3-6のD、Cのメンバーの活動であり、議論もそのメンバーとの間となります。

試行的な「デザイン事業」から、成果が求められる「参加支援事業」への変化を、AU-formalという概念整理を通して行いました。

図3-8の整理は、受託事業の変化について、まず、AU-formalをフォーマルとインフォーマルの協働が形成される「空間」として捉えたときの場の変化（ケース検討会から参加の場への変化）、もう1つはAU-formalを「主体」（実行委員会）として捉えたときの認識の変化（「課題」と「願い」をめぐる関係についての認識の変化）とを組み合わせて捉えたものです。

デザイン事業の場合には、「願い」を叶える手段が必ずしも社会参加に限定されるものではなかった点で、事業としての成果として「参加」の場といった専門職とAU-formalとの共同活動の場の経験が成立することにはなっていません。その点では2節で示したジグザ

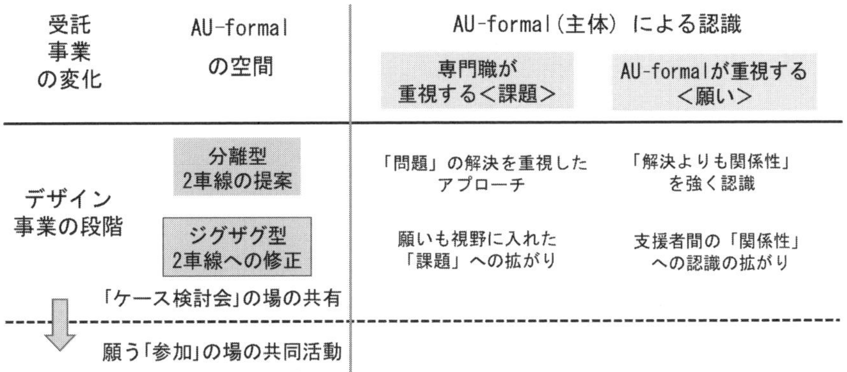

| 受託事業の変化 | AU-formalの空間 | AU-formal（主体）による認識 | |
|---|---|---|---|
| | | 専門職が重視する<課題> | AU-formalが重視する<願い> |
| デザイン事業の段階 | 分離型2車線の提案 | 「問題」の解決を重視したアプローチ | 「解決よりも関係性」を強く認識 |
| | ジグザグ型2車線への修正 | 願いも視野に入れた「課題」への拡がり | 支援者間の「関係性」への認識の拡がり |
| ↓ | 「ケース検討会」の場の共有　　　　　願う「参加」の場の共同活動 | | |
| 参加支援事業の段階 | 場での共同活動の経験 | 願いの具体的な実現の共同活動への参加 | 共同活動への参加のなかで課題の理解 |
| | 第三の主体との共同活動 | 地域の応援の意義への認識の深まり | チームとなり得る第三の主体の参加支援 |

図3-8　AU-formalという空間の展開
資料）筆者作成

グ型の2車線は、ケース検討の場での共有が主要である状態にとどまっていたといえます。その段階での専門職が重視する「課題」の認識については、「願い」も視野に入れたものということが示されていました。これに対して、参加支援事業にあっては共同活動の場での「願い」の実現を体験することが加わることで、AU-formalの空間の認識が深まることになります。

　参加支援事業の2段階目を整理するために、AU-formalの空間の形成において、専門職やAU-formalでない第三の主体（地域のなかから出現）が参加の場の担い手として登場することに注目しました。このことによって、AU-formalの認識としては、参加支援にあってこれまでの2車線をそれぞれによって支援を行いながら、ジグザグという協働関係をとることから、第三の主体を含むチームとして2車線を走る関係に発展することを期待しています。この新たな第三の主体を生み出した代表的な事例を以下に紹介しておきます。

### ●久留米ガスの「企業教室」をベースにしたプロジェクトによる参加の場

　AU-formalは、社会貢献の部署をもつ久留米ガスに働きかけ、社会貢献の一環として参加支援の場を生み出す協力を「企業教室」をベースとした各種プロジェクトとして実現しました。成功例の1つが、久留米ガスの「料理教室」プロジェクトで、お母さんの誕生日に手作りケーキをプレゼントする「願い」を実現できた事例です。じじっかで出会った不登校の中1女子が、日に日に衰弱するお母さんを心配しての「願い」でした。久留米ガスのクッキングスタジオを活用してのケーキ作りで、他の不登校の女子2名（年齢も異なる）も参加しました。じじっかの調理場でケーキ作りもできたのですが、久留米ガスの企業教室を活用し、しかも2名の友だちも参加できる配慮をした「叶え合う支援」の企業参加が実現したプロジェクトとみなすことができます。

　その企業参加プロジェクトは、次のような波及が生じています。1つは、参加した2名の女子がケーキ作りのなかで自身の問題の相談の糸口を見出し、関係づくりが始まったことです。参加の先にある相談というパターンです。もう1つは、企業に生じた手応えで、次の「叶え合う支援」の参加の場づくりにすんなりと対応が実現したことです。

　後者の点では、「マラソン教室」への協力があり、さらなる教室が「野球教室」というプロジェクトです。これは、お父さんの体調が悪いこともあって野球ができないでいる小学生の「願い」を叶えるための久留米ガスの職員による野球教室です。2節で紹介したK君の願いも重ねることができました。先の成人式の達成の後も、毎週じじっかを訪れ、食事や談笑を楽しんでいますが、実際のゲームの中でのバッティングの実現となりました。

　これらの教室は、図3-8の「第三の主体」として久留米ガスの職員が登場することで、AU-formal実行委員会の「伝手たぐり」のなかで実現していた「叶え合う支援」とは異なる次元となっています。この過程のなかで、専門職が直接の支援としてではなく、○○教室の参加メンバーとして共同活動することで、地域の第三の主体が生み出す参加の場（参加空

間）の意義を認識することになります。また、その場から新たなニーズがキャッチできる効果にも気づくことになります。第2章の定期的な働く場の確保といった常設的な場ではないにしても、デザイン事業のK君の事例のような個々に願いを叶える取組みとは異なり、「企業教室」の○○プロジェクトと表現できるような、地域活動によって生みだされる「社会（参加）空間」としての性格をもっています。

## ❷「アウスメント」の提起とそのシート（編集表）

### ●参加支援に参加するチームを巻き込む「アウスメント」

デザイン事業での提案にあった「AUシート」は、参加支援に特化するなかで「アウスメント」という個別の参加支援を支えるチーム作りの機能をもったツールに発展しています。福祉領域で活用されてきた「支援プラン」とそのためのアセスメントの枠組みでいえば、実際の参加に行き着く「ロードプラン」をもとに、その達成に向けての「チームづくり」を視野に入れた編集機能を持った「アウスメント」の提案となっています。筆者も参加しながら作成している「ロードプラン編集表」（検討中）を示すと図3-9となります。

中村さんたちは、一人の願いをもとにチームとなり、みんなが主体性を持ち合いプロジェクトを進めるプロセスの編集を、「アウスメント」と呼んでいます。本人の主体的な参加のみをプロジェクトの場としているのではなく、支援者や関わろうとする人の主体的な参加を

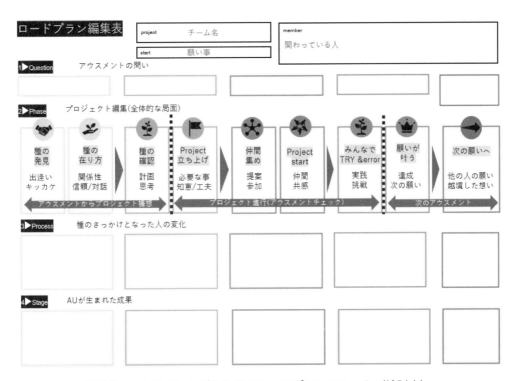

図3-9　アウスメントがもたらすロードプランのシート（検討中）
資料）図3-1に同じ

生み出す場やプロセスをめざしていると判断できます。文字どおり「参加し合える」ことがロードのゴールとして位置づけられます。そのロードは、アウスメントと個別プロジェクトとの関係によって、3つの段階に区分されます。

　図3-9におけるPhaseには、プロジェクト編集の各局面が、3つの段階（矢印による区分）に区分されています。1つ目（アウスメントからプロジェクト構想）では、願いを叶えたい人と出会うことを出発に、もってきた個別プロジェクトの種のありかを探り、本当の願いかどうかを確かめ、プロジェクトを構想します。2つ目（プロジェクト実行：アウスメントチェック）では、プロジェクト案を工夫するなかで、すでにプロジェクトが参加の場となり、プロジェクトの進行にともない、叶え合いたいと思う人たちがチームとなります。また、再びアウスメントが機能して、叶え合いの関係が成立しているかチェックしつつ、願いの達成を確認します。

　3つ目（次のアウスメント）は、次の願いへの気づきであり、参加した人の願いを見出す機会ともなります。そこに、プロジェクトの芽の発見が生まれます。その場合、先のケーキ作りに見出されたように、本人以外の仲間（参加者）にとっての「願い」が把握され、他の人の願いの実現に越境する機会ともなります。

　このロードプラン編集表の作成が現在進んでいます。その成果をお伝えできないのが残念ですが、これまでの課題に基づいた「従来の支援プラン」のためのアセスメントとは異なった、「叶え合う参加支援」の実現ロードプランのための「アセスメント」の提案であり、地域の参加や協働を生み出すプロジェクトを含んだ仕かけといえます。

## おわりに──中村流のプロジェクト・ストーリーの編集後記

　中村さんのプロジェクト・ストーリーは、じじっかの「余白づくり」プロジェクトに始まり、「願いを叶える」をベースにした本人参加の「叶え合う支援」プロジェクトを経由し、参加支援に特化するなかで、本人にとっての新たな関係となりえる人の参加を採り入れた「叶え合う参加支援」プロジェクトに発展しました。

　それらのプロセスを記述することをめざすとともに、専門職が重視する「課題」とAU-formalが強調する「願い」の関係の変化に着目し、参加支援事業の受託とその成果のなかで、AU-formalの視点からの整理にとどまりますが、新たな関係の構築が期待されていることを示しました。

　筆者のこうした期待や「アウスメント」の提案が意味するのは、参加支援事業を実現させるためには、専門の相談支援機関に限定されない多様な機関の協働が必要であり、それを進める多機関や地域の参加によるプロジェクトの有効性への着目であると考えます。一般的には、多機関協働事業は、これまでの名称でいう「相談支援包括化推進員」の配置と「重層的

支援会議・支援会議」の運営として捉えがちですが、重層的支援体制整備事業がすすむなかで、多機関協働事業の守備範囲が相談支援から参加支援・地域づくり支援に移行することが求められます。それが「解決より関係性」の発想とともに、久留米らしいデザイン事業のなかで、さらに「叶え合う参加支援事業」のなかで明らかになっているのです。

　ただし、「叶え合う支援」の多機関や地域の参加に力点が移行するのではなく、本人の社会との関係性が豊かになるためのあくまで手段であり、そのチェックが図3-9の「アウスメントチェック」の役割といえます。2024年度の「叶え合う参加支援事業」のAU-formalによる成果報告に期待したいものです。

# 第4章

# プラットフォーム型の参加支援プロジェクト（豊田市）

## はじめに

　本章で登場するのは、「とよた多世代参加支援プロジェクト」（豊田市）の事務局を担っている栗本浩一さんと山口達也さんです。栗本さんは、合同会社 P-BEANS という福祉・リハビリ系の事業所からの、山口さんは株式会社 SMIRING（Smile+Ring）という福祉・介護系の事業所からの、派遣された中間マネジャーです。この点が、第Ⅰ部に登場する他の4人のマネジャーと異なります。また、とよた多世代参加支援プロジェクトという名称ですが、それは組織の名称であるとともに、機能としては、いわゆる試行的なプロジェクトの実施（主体）を意味するだけでなく、プラットフォームの機能を担っています。

　この多機能な組織のもとで、民間事業所から派遣されている2人のマネジャーは何を開発しているのでしょうか。これまでの「社会参加の応援」の流れでいうと、多様な（ダイバーシティな）利用者の参加の応援とともに、とくにはたらく場の受け皿を提供している民間の事業者にとってのメリットや合理性を応援する仕組みを開発していると言えます。豊田市の重層的支援体制整備事業の参加支援事業を受けていることが中軸となっていますが、参加支援をミッションとするプラットフォーム組織ということで、そこに持ち込まれる民間事業所等の参加をめぐる課題にも対応しています。多様な民間事業所の参加によって形成されている組織には、それぞれが協働する合理性が成立しています。その意味では「とよた多世代参加支援プロジェクト＋α」という表現がふさわしいのです。

## 1節　とよた多世代参加支援プロジェクトが生み出す＋α

### ❶　とよた多世代参加支援プロジェクト＋αという組織体

　「とよた多世代参加支援プロジェクト」（以下、とよた多世代PJと略す）は2021年3月に設立された任意団体です。各種障害・高齢等を担う民間事業所が横につながりながら、多世

代にわたる利用者のサービス利用や社会参加の質を高めるネットワーク組織として出発します。その後同年5月に、豊田市の福祉総合相談課（当時、現よりそい支援課）による参加支援事業を協定として受けるのを契機に、多くのプロジェクトを展開することになります。利用できるサービス等がなく、困難を抱えた住民の個別支援について、とよた多世代PJは市からの支援依頼を受け、居場所や生活改善の場などを創出し提供する点に特徴があり、オーダーメイド型をめざす参加支援を担う形でスタートします。

図4-1は、重層的支援体制整備事業以外の受託先としての役割も担っていることを示しています。生活福祉課（生活保護）から就労準備支援事業、高齢福祉課から認知症高齢者の社会参加事業です。それらの予算補助額の総計（2024年度）は、1090万円となっています。

さらにとよた多世代PJは、日本財団が進める「WORK! DIVERSITY 実証化モデル事業」（以下、実証化モデル事業）の豊田市版として新たな社団法人を立ち上げるなかで引き受けています（2023年5月～）。制度福祉として用意された支援体制では、十分な解決ができない「ダイバーシティ」（障害者手帳をもたない、働きづらさを抱える多様な人々）への支援のあり方をモデル的に取り組むことで、とよた多世代PJは事務局（マネジメントセンター）を共有する形で＋αを展開しています。

●事務局チームの編成

「とよた多世代PJ＋α」の展開は、これまで整理してきた福祉開発を推進する組織体の拡がり（「地域生活支援ネットワークサロン＋α」や「TeamNorishiro＋α」）に共通する特性と捉えることができます。「とよた多世代PJ＋α」としての組織体は、図4-1のように、全体の組織＝「とよた多世代参加支援プロジェクト（事務局）」＋「一般社団法人ワーク・ダ

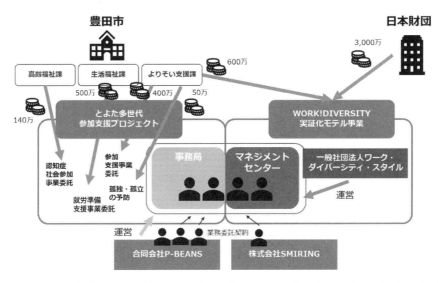

図4-1　とよた多世代参加支援プロジェクト・ワークダイバーシティの構成イメージ
資料）事務局チーム作成

写真4-1　事務局チーム（左から、塚本、山口、栗本、野々山）

イバーシティ・スタイル」で構成されることになります。事務局メンバーとマネジメントセンターのスタッフは、事業上不可分な関係にあることから、人件費負担としてのルール化は図られているものの、業務上重複することはしばしばみられており、そのことによって「ワークダイバーシティ事業」が成立することになります。

両事業あるいはスタッフがジョイントした事務局は、現在合計4名で構成されています（写真4-1を参照）。事務局チームは、合同会社P-BEANSという福祉・リハビリ系の事業所から3名（栗本・塚本晃子・野々山春菜）、株式会社SMIRINGという福祉・介護系の事業所から1名（山口）の派遣で成立しています（図4-1）。とくに福祉開発マネジャーとして分析の対象となる栗本さんと山口さんは、当該事業所の介護・リハビリの現業部門ではなく、企画や開発を担う部門に所属先をおいての派遣という形をとっています。その意味では直接利益を生む部門配置ではなく、事業所の位置づけとしては、先行投資的な人材配置ということになります。

先に示したように、豊田市からの事業委託やモデル事業等による人件費が補填されてくるなかで、事業所の持ち出しは軽減されています。さらに期間限定ではありますが、モデル事業の受託のなかで、一気に補填額が増額されることになっています。

● 民間事業所派遣の福祉開発マネジャー

彼らを福祉開発マネジャーとして位置づけると、民間事業所派遣という形態は、これまでの第1章や第2章の場合とは異なっています。ただし、第2章の野々村さんの場合には、社会福祉法人から、たとえば「Team Norishiro」に一定期間の派遣がなされているという見方もできます。その点では、社会福祉法人への還元という課題が問われます（終章で扱う）。本章では民間営利事業所であることから、より厳密に計算されているという見方が成り立ちます。プロジェクト等の波及効果のなかで、当該事業所への便益を捉える必要があります。

P-BEANSは、主に生活期のリハビリをする会社ですが、会社が掲げるあるべき姿を「地域共生社会を目指して『ひと・モノ・コト』をデザインする会社」としています。このことで、シニアや障害をもつ人をもっと応援し、笑顔にする集団として、リハビリや訪問看護な

どの運動や看護に関するケアだけはなく、より彩り豊かなくらしとなるようにさまざまなデザインに挑戦をしています。これらの実現を加速させるべく、2020年4月「ソーシャルデザイン事業部」を立ち上げ、利用者と地域をつなぐ橋渡しの仕組みを社内に構築しました。

他方、株式会社SMIRINGは、松平・下山エリア（豊田の南部・南西部）を中心として、介護サービスと障害福祉の就労継続B型（キッチンLABOと久遠チョコレート）を展開する地域密着型の事業所です。「企画力」で地域を盛り上げる多様なプロジェクトを「ソーシャルクリエイト部」が主導し、職員参加によって進めています。

このような特性をもつ民間営利事業所からの人材派遣は、社会貢献としての使命からは妥当ですが、経営といった点では一見不合理性があるわけです。しかし、トータルとしてみたときに、事業所としての合理性が見出せるとすれば、それはなぜかを明らかにする必要があります。それによって、実験的なプロジェクトとして導入された「とよた多世代PJ＋α」が持続可能なプロジェクトとなることができます。そのためには、＋αの開発によって、多様な派生的な効果が生まれ、当該事業所へのメリットにつながることが必要です。メリットに関しては、山口さんはブランディングを強調し、人材確保のメリットを指摘し、栗本さんは福祉事業所における異業種との連携を担う人材養成のメリットに注目しています。

### ❷ プラットフォームとしての組織：役員＋3つの部会＋P会員の機能

「参加支援プロジェクト＋α」は、プロジェクトと同時に、プラットフォームの機能を有しています。もちろんプロジェクトを維持するための会員を募るプラットフォームとして出発するのですが、プロジェクトが進むなかで当初の参加支援プロジェクトを支える機能から独

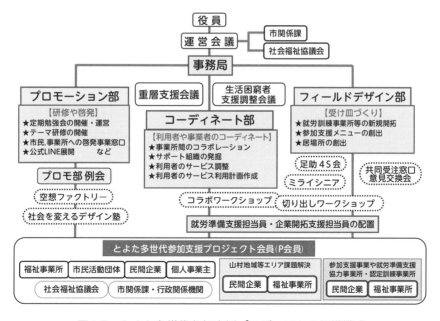

図4-2　とよた多世代参加支援プロジェクトの組織構成
資料）図4-1に同じ

立したプラットフォーム機能を持ち始めます。以下、その組織構造を説明します。

組織構成を示す図4-2の役員・運営会議の体制は、社会福祉法人の管理職などが役員となり、運営会議のもとに3つの部会を設け、民間の事業所をヨコ型に組織するなかで運営体制がなされています。参加支援事業や「はたらく」を支援する開拓的な事業の展開を支えている組織基盤として、この役員体制と運営会議があります。プラットフォーム機能を発揮するためには、役員が多様な組織から選定されていることが条件です。たとえば、障害福祉を担う社会福祉法人の常務理事や多様な福祉事業を運営する株式会社の部長などが含まれます。高齢、障害、地域福祉に関して幅広く経験のある役員を集めることで、民間組織のヨコ連携を図れる役員人材を確保しているのです。

もともと、オーダーメイド型の参加支援にはそれを担う幅広いプロジェクト会員（P会員）の確保が必要となります。会員募集には、ホームページにおいて「このプロジェクトに参画することで、……『地域を支える』という観点で社会とつながることで、新たなコミュニケーションが生まれ、地域から愛され、信頼される事業所になることができるのでは」との提案がなされていました。会員登録の実績は、2024年末の数で100会員にまで増えています。

運営会議の具体的な展開を担っているのが3つの部会です。現在は、広報や学習会の企画を行う「プロモーション部」、文字どおり社会課題の解決に向けたコーディネートを担う「コーディネート部」、多様なはたらき方や社会参加、役割を生み出す「フィールドデザイン部」から構成されています。3つの部を支え、プロジェクトに取り組むプラットフォームのメンバーが、プロジェクト会員、略してP会員を構成しています。障害、高齢、子ども、生活困窮分野をはじめ、企業等の事業者が会員として参加しています。

P会員の構成は、プラットフォームの特徴を表しています。障害者事業所が27％、企業・個人事業主が25％と、両者で半数を占め、働くことを通じての社会参加への関心が、両事業者において高いことを示しています。たとえば、障害者事業所では制度による就労継続や移行支援の実績をもち、さらなる新たな制度外での働くことへの支援プロジェクトへの参加を模索したいという意向をもっています。企業等の事業主では、障害者雇用への対応とともに、新たな受注先の確保や社会貢献などの意図をもって参加していると推測されます。後者については、以下でふれる青年会議所の取組みが大きく影響しています。

なお、行政の参加も見られます。

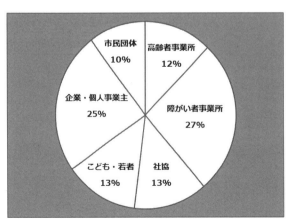

図4-3　P会員の構成
資料）図4-1に同じ

## 2節　官民協働による複線的な支援のマネジメント

### ❶ 豊田市行政からの委託等事業の構成

　図4-1の構造がお金の流れを軸に構成されているのに対して、図4-4では利用者の支援の流れを軸に構成されています。重層的支援体制整備事業における参加支援事業を、委託方式よりも対等性が高い「協定」による自由裁量を残した契約を行っています（2021年5月）。続いて、2022年度からは社協に委託していた生活困窮者自立支援事業の就労準備支援事業を受託します。両者の関係は、前者は就労を前提としていない日常生活自立をめざした参加支援であり、後者は就労（働く）を視野に入れた練習や訓練を伴う参加支援という関係になります（図4-4）。

　2023年度には、事務局を担う人材を派遣している事業者が介護・福祉系であることもあって、若年性認知症等の人の社会参加プラットフォームづくり事業を受託します。その背景には、事務局スタッフが参加支援のマーケティングの一環として地域包括支援センターを訪問調査した結果、若年性認知症等の方の社会参加（就労）のための課題を把握することで、同事業の受託に結び付いています。実施後、社会参加についての相談が増加する効果が生まれています。この事業を通して、地域包括支援センター、障害福祉事業所や介護事業所等意見交換会の開催や認サポ店舗プロジェクトを通した企業等への啓発、イベントの開催などが実施されています。

　そして、2023年7月には日本財団が進める「WORK!DIVERSITY　ワークダイバーシティ実証化モデル事業」の豊田市版を受けることになります。障害福祉の就労系福祉事業所

図4-4　支援対象からみた「とよた多世代参加支援プロジェクト」の役割分担
資料）図4-1に同じ

の協力により、「事業対象者以外で『働きたい』と思っている人」の就業に向けた訓練や雇用につなげる支援を実証するモデル事業で、2023〜24年度の2年間の実施となっています。年額3000万円の規模です。

図4-4は、参加支援プロジェクトの事務局によるアセスメントの実施と、利用者の参加や就労の希望に柔軟に対応できる2事業を日常生活自立と就労自立とを組み合わせることで、社会参加さらには「はたらく」を実現する仕組みを展望していることを構造的に説明しています。

こうした事業の組み合わせは、先にふれたプラットフォーム型の組織マネジメントによって実現しています。それを踏まえて、豊田市は、プラットフォームのマネジメント業務に助成することを2024年度の補正予算で実施しました。

## ❷ プラットフォームの3つの機能

### ●支援の4車線の形成メカニズム

お金の流れ、利用者の支援の流れを説明してきましたが、ここではプラットフォームの機能に注目して、その機能による複線的な支援（4車線と表現）の構造化が実現しているメカニズムを解説します。図4-5は、プラットフォームの機能を3つに分けて図示しています。

1つ目は、社会参加を支える4つの複線的な支援（A〜D）を確保するためのプラットフォーム機能に該当します。図の土台部分に相当する4つの支援のコーディネートを実施している「参加支援のプラットフォーム（2）」です。生活困窮者自立支援事業の就労準備支援事業（C）、重層的支援体制整備事業における参加支援事業（A）、実証化モデル事業による就労移行支援（B）に加えて、既存制度による障害分野の参加と高齢分野（シルバー人材センター）の参加等（D）が、複線的な支援を担っています。たとえばD⇒BあるいはC⇒Aの関係は、

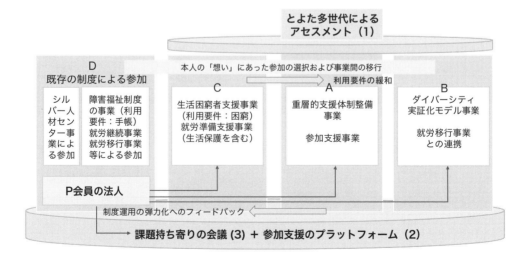

図4-5　とよた多世代参加支援プロジェクトの多機能支援の構造
資料）筆者作成

「利用要件の緩和」が進む（ベクトル）ことを示しており、より多くの人が利用できる4つの支援（4車線）が形成されています。

なお、Dにおいて既存の制度福祉による障害分野の参加と高齢分野（シルバー人材センター）の参加を取り上げていますが、それらを担っている法人が、「P会員」（図4-2）としてABCの3つの複線的な支援に協力する経験から、既存の制度福祉の運用に弾力性を与えるという作用が生まれています。このように4つ目の車線の拡張は、P会員の経験からのフィードバックによって実現しています。以下に事例を用いて説明します。

2つ目のプラットフォームの機能(1)は、アセスメントに関するものです。同プロジェクトの事務局が中心となって実施しますが、利用者の社会参加に関するニーズを実際の参加を実現させる見立てや受け皿の段取りに、専門性をもったP会員が協力します。本人の参加をめぐる希望（参加ニーズ）とその実現の可能性を把握できるアセスメントが、このプラットフォームに蓄積されています。しかも、P会員が参加するなかで本人の希望に沿う（久留米市のプロジェクトでは、希望を叶え合う）アセスメントが進むなかで、オーダーメイドの支援が実現できています。

3つ目は、上記の2つのプラットフォーム機能に協力するP会員の事業者等のメリットを実現する、「課題持ち寄りの会議」というプラットフォーム(3)です。既存の制度福祉を担っている民間事業者の諸課題を解決するための機能です。この点は、3節で詳細にふれます。

●**プラットフォームのフィードバック機能を表す事例：既存制度の弾力化**

実証化モデル事業では、手帳を持たない人への就労移行事業所の協力が確保されています。ひきこもり等の人の社会参加を通じて就労支援につないでいる対象者のなかには、もともと自宅などでコンピューターを扱っている人も多く、就労支援のための訓練ツールとしてコンピューター処理が有効となっている事例が多くみられています。最初の事例は、そのタイプの1つです。

事例①では、行政の旧福祉総合相談課を経て、とよた多世代PJが本人のアセスメントを実施します。就労支援をめざしつつ一定期間参加支援を経ることが有効との判断となります。就労移行支援事業所として実証化モデル事業に参加しているP会員（不登校の児童へのIT教育を実施）での参加支援を経て訓練へと移行します。その2段階によって、ITの塾講師として就労が実現している事例です。Dの制度福祉の拡張をめざし多機能な事業を実施している就労支援事業所の2段階の支援のなかでの変化の見立てによってワークダイバーシティによる就労移行が実現したといえます。

次に、事例②を取り上げます。就労継続B型事業（Dの制度福祉）においても、従来の通所型事業というカテゴリーではなく、社会参加型事業という参加支援の一環としての機能をより強化する効果が生まれています。

介護サービスの利用が不可となった65歳男性は、自宅から歩行訓練も兼ねた距離に多世

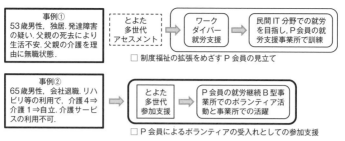

図4-6　2事例にみるP会員の自由裁量性の促進
資料）筆者作成

代会員事業所（就労継続B型）があることから、とよた多世代PJはアセスメントを実施した結果として同事業所を見学することを勧めます。本人はB型利用者の仕事（部品組付）の検品作業に関心をもち、ボランティアで参加することになります。認知症やお話好きな利用者さんとの話し相手、作業手順や仕事の工夫など、その人のこれまでの就労経験を活かした活動が展開されている事例です。一番の決め手は、事業所が本人の希望を叶えることを手伝ってくれると約束した点で、本人との合意が形成されています。B型の事業所会員として、障害福祉制度のもとでの事業運営では得られなかった自由裁量的な参加支援の取組みを経験することで、既存の事業運営にもよい影響（制度福祉の弾力的運用）を与えています。

## 3節　「課題持ち寄りの会議」を契機とする福祉開発

### 1　「課題持ち寄りの会議」のマネジメント

　参加支援をめぐる応援の機能を発揮するプラットフォームに加えて、もう1つのプラットフォーム機能が、課題を自由に持ち寄り、その解決を図るための会議の機能です（図4-5）。「課題持ち寄りの会議」には、文字通り課題持ち寄りのワークショップや各種ネットワーク会議もその機能を果たしています。「課題持ち寄りの会議」がプラットフォームとして発展する、つまり課題解決のための協働やプロジェクトが実現する、マネジメントに着目しておきます。「課題持ち寄りの会議」が生み出した協働やプロジェクトには、再犯防止や農福連携、不足する福祉人材の確保などの事業があり、参加の機会の創出の多様な展開を運営会議のメンバーの協力を得ながら進めています。たとえば、再犯防止の支援活動では、地域包括支援センターと連携し、居場所や役割づくりを進める一方で、「まかないつき」の事業の開発に乗り出しています。また、農福連携の開拓では、高齢男性のための調理会をきっかけにして、B型事業所と農家が運営する地域の「ハウス」で、花苗育成の活動や所有する畑等の果物の収穫を手伝う事業などの開発を進めています。

　こうした「課題持ち寄りの会議」への展開には、派遣されている4名の人材が、地域の

民間介護・リハビリの事業所の自由な発想によって賄われている点にその条件を見出すことができます。このプラットフォームは、想定されたプロジェクトのためのプラットフォームではなく、文字どおり地域から持ち込まれる民間事業所や利用者の課題に対応するという仕かけとなっています。つまり一種のアンテナショップ的な場としての機能もあり、またさまざまな領域や分野への越境をしかける人材養成の場としても機能しています。もともと派遣を担っている事業所の理念として、業務を越境する人材やプロジェクトを仕かける人材の育成を位置づけていることが影響していると考えられます。

## ❷ 福祉開発マネジャーにおける戦略的な事業の活性化

### ●豊田市共同受注窓口福祉事業所の意見交換会

栗本さんをはじめとする事務局チームは、さまざまな人の「参加」を模索するときに、P会員の事業所のフィールド（現場）での「参加」の実現可能をアセスメントしています。新規の参加事業を立ち上げるのではなく、生活介護や就労継続B型、企業や個人事業主など会員の「日常活動」に参加支援の実現可能性を重ねるイメージといえるものです。これらを促進する一つの取組み事例として、既存の「豊田市共同受注窓口」の活性化プロジェクトがあります。「豊田市共同受注窓口」とは、登録している福祉事業所に、企業からの仕事を斡旋する仕組みです。市域も広く企業からの条件に合わない限られた種類の仕事で、障害特性がさまざまで利用者の特性とマッチしないなどの理由から、この仕組みが上手く活用されていないという課題を見出し、窓口業務を担う事業所（P会員）と検討を重ねながら、登録事業所向けの意見交換会を定期的に開催するプロジェクトが試みられました。

意見交換会の機会をもつことで、登録事業所同士で受注のシェアをすることや、アップサイクルに関してアイディア会議を一緒に開くこと、また、受け取りたい仕事の対象には、企

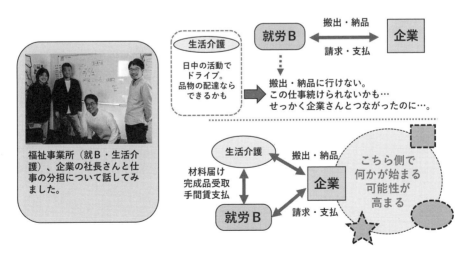

図4-7　豊田市共同受注窓口の仕組みの活性化
資料）図4-1に同じ

表4-1　福祉事業所における仕事の受注についての要望（高い項目）

| 項目 | 割合 |
|---|---|
| 事業所内で行う企業以外の地域や個人からの仕事が欲しい | 56.3% |
| 自主製品の販路を拡大したい | 56.3% |
| 他事業所の自主製品について知りたい | 50.0% |
| 地域へ出かけての企業以外の地域や個人からの仕事が欲しい | 37.5% |

資料）図4-1に同じ

業からの依頼に留まらず、広く地域の困りごとを解決する仕事をしたいというイメージが広がっていきました（図4-7の上段から下段への構図の変化）。

　これらのイメージの膨らみは、従来福祉事業所として、利用者のための活動としていたことが、合わせて地域のためになる活動へと理解が深まり、さらには、それらの仕事を開拓することで、受託した福祉事業所周辺で暮らす人（手帳をもった障害者に限らず）の社会参加の機会がその事業所のなかで提供されるという構図が展望できます。

　実際の個々のプロジェクトを通して、個人事業主（農家を含む）の困りごと、お寺の困りごと、高齢者世帯の生活の困りごと（庭の果実の収穫ができない、ゴミ出しができないなど）に地域の福祉事業所が「活動・仕事」として寄り添うことができるという役割が創出されています（第2章の地域の困りごとをきっかけに本人の困りごとを解決の構図と共通）。

　共同受注窓口の意見交換会メンバー同士の仕事の個々の「かけ合わせ」が実現し、その成果を全体のなかで共有することを繰り返していくことで、メンバー事業所に自発性が生まれ、よりよい「共同受注」の在り方を活性化したいという機運が高まっています。なお、参考のために、共同受注窓口意見交換会実施前に福祉事業所に行ったアンケートの結果のうち、「仕事について」の要望の結果の上位の項目を表4-1に示しておきます。それらの要望をもとに、話し合いや事例の共有が進められています。

● 「地域住民の困りごと」を事業所連携で解決する活動

　とよた多世代PJのP会員事業所（保見団地隣接）に、「ここで雇ってもらえないか」と外国人が訪ねてくることの何気ないつぶやきが、「課題持ち寄りの会議」で取り上げられます。団地内で外国人支援をしていたNPOの代表も「後期高齢者で元気な外国人が、仕事がなくて困っている」という相談を受けることが最近増えた、との反応が起こります。こうした「課題持ち寄りの会議」での何気ない情報交換から、事務局チームは実践上の仮説を立てプロジェクト化を図っています。「派遣会社から継続雇用がしてもらえなくなった高齢外国人は、このままだと、収入なし、蓄えも底をつき、困窮になっていくのでは？」との課題を解決するための仮説の組み立てです。

　この実践仮説を組み立てるための第一歩として、とよた多世代PJのP会員の福祉事業所とともに、その団地界隈の福祉事業者や外国人支援のNPOなども交えての検討会が、プラットフォームの機能（図4-5の（3））として実現します。この検討会での課題共有を経て、こ

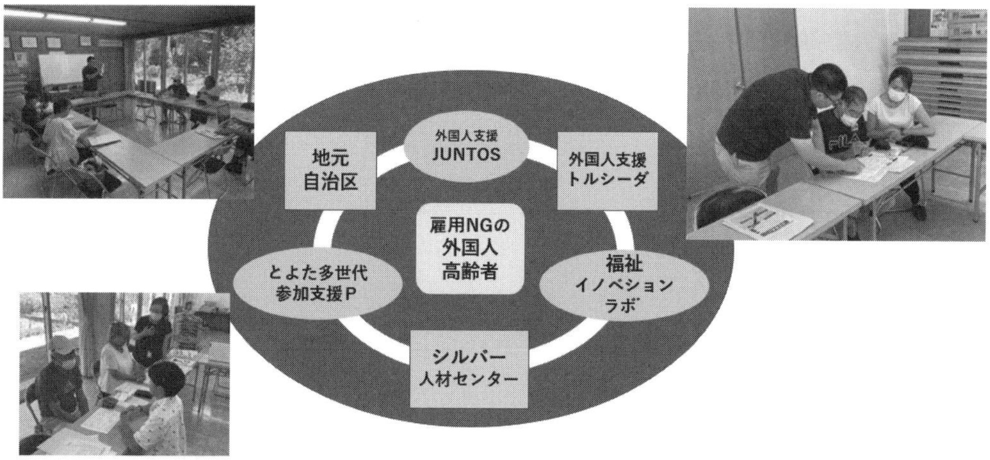

図4-8　シルバー人材センター事業の連携による活性化
資料）図4-1に同じ

の団地の仕組みづくりの受け皿として、シルバー人材センター（P会員）が有効ではないかという仮説にたどりつきます。

　会員減少と担い手不足で運営に苦慮していたシルバー人材センター（以下、人材センターと略す）が次の検討会からメンバーに入ることになり、外国人高齢者が人材センターに入会するためのプロジェクトがスタートします。民間に出されていた団地の仕事を人材センターが請け負い、会員となった団地の外国人高齢者が働き、配分金を受け取るという仕組みが出来上がります。この仕組みには、NPOによる言葉の支援や地域支援団体による「シルバー入会説明会」のフォロー、地元と人材センターとの連携を共同受注窓口の受託事業者がサポートするという役割分担も構築することができています（図4-8）。

　この結果、団地の外国人高齢者は、暮らす地域に近い場所で就業ができるようになり、合わせて団地の日本人高齢者も同じ流れで人材センターの会員になるための手続きが身近になりました。そして、共同受注窓口がサポートに入ったことから、共同受注窓口に入る企業からの仕事と人材センターに入る地域・企業からの仕事について、担当者同士の「横ぐし」が構築され、「仕事の依頼」が共有されるようになるという成果も生まれています。

● シルバー人材センター事業における活性化作用

　人材センターの会員になるための手続きが身近になるなどの活性化は、結果的に、新たな仕事を受け取った福祉事業所（P会員）間での参加型の小規模プラットフォームの形成につながっていきます。人材センターでは、高齢化が進み、加齢とともに仕事ができなくなり、退会をしたり仕事が見つけられずに待機しているという会員が目立つようになっていました。生きがい就労を推進する同センターとしては、会員にとっての「コミュニティ」が確保できない状況への対応が必要となっていました。仕事をしていない会員さんに内職レベルの

仕事の情報提供を実施し、一定の場所に集まり、他の会員とのコミュニケーションを図りながら「居場所・役割」をカタチにするという場を確保することで、これまでどおりの仕事ができなくなってきた会員向けの「内職サロン」が生まれました。

人材センター事業はもともと高齢者の自主的な社会参加コミュニティをめざしていたわけですが、この間登録者への軽微な仕事のあっせん事業のみが強調される傾向が強くなっていました。外国籍高齢者の参加をきっかけに高齢者の自主的な社会参加コミュニティの活性化に注目するとき、図4-5のDへのプラットフォームによるフィードバック機能が生まれた貴重な成果として捉えることができます。

● **実証化モデルへの青年会議所の参加による戦略的な展開**

P会員に企業の割合が4分の1を占める背景には、プロジェクト立ち上げ期からの会員に青年会議所OBの存在があったことが大きかったようです。立ち上げ時期に青年会議所の仲間として活動をしていたOBが一般企業への「橋渡し」を促進したことで、当事者の社会参加がより身近な地域社会のなかで実現した経験が大きいと言えます。企業群との具体的な当事者支援のマッチングが実現することを通して、関わった企業関係者のなかで起こる自発的な変化、たとえば、福祉的な困りごとをもつ当事者への支援で、会社としてできることがあれば協力したい、会社の強みを活かして地域と関わりたい、などの反応が見られていました。

そのような経験や小さな出会いによって、青年会議所会員の会社の一部屋をとよた多世代PJの事務局として借りることが実現し（第2章の企業による応援団と同じ）、その結果、青年会議所自身の社会課題解決のテーマとして「ワークダイバーシティ推進委員会」が立ち上がるまでに協力関係が発展しました。企業内の困りごとと、働きづらさを抱える本人の困りごとの解決を具体的に考え、実際に両者の工夫により雇用を生み出し、そのプロセスを青年会議所全会員に発信する機会をもち、雇用だけではなく、企業と地域がつながるための手段を継続的に考えていくという方向づけが共同の活動を通して実現しています。

現在、青年会議所の推進委員会委員長（当時）が個人事業主として、とよた多世代PJに会員参画することで、事務局メンバーとともにダイバーシティ就労の普及を促進しています。活用促進に関するセミナーを企画したり、新たに出会った青年会議所以外の企業等へのヒアリングを目的とした「企業訪問」を、とよた多世代PJの通常のプロジェクト活動として実施することができています。

企業訪問によるヒアリングでは、先に紹介している障害者雇用（法定雇用率）に関する相談やインクルーシブな職場環境整備に向けた相談など、しかるべき相談先の紹介をする（時には、一緒に企業訪問もする）ことにとどまらず、企業として取り組んでみたい地域社会との関わりについて45項目の聞き取り内容を準備して、ヒアリングを行っています。質問項目は、企業の仕事に関する興味関心、理解度、課題、解決方法（25項目）や地域との関わりや企業の社会参加への関心度（25項目）を設定しています。その内容の一部は、表4-2

のように受け入れへの関心度や社会貢献への使命に提示され、具体的な意向として表明されています。「そう思う、そう思わないの5件法」での回答を企業担当者の自己判断で行ってもらい、一緒に振り返りながら深堀して確認していく方法をとっています。その際に参加企業から発言された内容を集約したものが表4-2です。地域への関わりや関心も具体的に提示されています。今後の活用が期待されるところです。

より戦略的には、あらかじめ聞き取りをしている「P会員が企業に求めること」と、ヒアリングを踏まえた「企業が福祉事業所に求めたいこと」、「多世代事務局が企業に求めたいこと」などを聞き取りのなかからつなぎ合わせ（第3章のかけ合わせと同様の表現）をめざす手段として調査が活用されています。

その企業の現状や意識をアセスメントしていくなかで、とよた多世代PJが行っているプロジェクトによるさまざまな事業展開ののどの部分との関わりに相性がよいのかを探る調査としての機能をもつことになります。表4-2の興味関心（地域・人）にみられる従業員向けにパンや野菜販売の機会の創出が、その後就労継続B型に仕事が切り出され、さらには、職場環境の改善に取り組み、働きづらさのある人の雇用にまでつながっていったというイメージを膨らませながらの展開といえます。ヒアリングの訪問には、P会員のメンバーでもある共同受注窓口の担当者や就労移行支援事業所の担当者が同席する方式を採用しています。こ

表4-2 企業向けヒアリング項目（抜粋）

| 項目 | 集約の内容 |
|---|---|
| 興味関心 | ダイバーシティ、就労移行支援/継続A/継続Bという言葉をきいたことがある。 |
| 理解度 | 法定雇用率のことを知っている。就労移行支援の仕組みを知っている。 |
| 企業の課題 | 人手不足に悩んでいる。進行状況が心配な業務があるが手が回らない。 |
| | 社外に持ち出して委託できる作業がある |
| 課題解決方法 | 短時間でも働ける人がいるなら活用したい |
| | 障がい者就労の活かし方を詳しく聞いてみたい |
| | 障がい者でも働ける環境に社内を整備したい |
| 現在の関わり（地域） | 社会貢献やCSR活動を実施している、お祭りや行事、清掃など関わっている |
| | 寄付や寄贈などで福祉施設や社協等に関わっている |
| 興味関心（地域・人） | 福祉や社会貢献の活動に興味関心がある |
| | 福祉事業所で製造した菓子パンや野菜などを、従業員に販売しても良いと思う |
| | 地域の様々な人を、中学生の職場体験のようなプログラムで受け入れてもよい |
| 興味関心（資源活用） | 業務で排出される端材などを、再活用やアップサイクルしてみたいと思う |
| | 会社のイベントなどで、地域団体や福祉施設などとコラボしてみたい |
| | 会社の本業や資源を、地域の困りごとの解決に役立ててみたい |
| | 地域の方や高齢者・障がい者に、簡単な仕事であれば請け負ってもらってよい |
| 企業の課題 | 社会貢献、地域との関わり、何をしたらよいか判らない。うまくいかない |
| | 地域で何が起きているのか、困っているのかわからない。 |
| | 植栽管理や周辺業務（清掃・片付け等）で、人手がほしい |

資料）図4-1に同じ

の連携促進の方法を取ることで、共同受注窓口には、仕事の受注が進み、移行支援事業所のなかでのヒアリング結果の共有がなされます。事業対象者への就業訓練や就業機会の創出にもつなげていこうとする戦略といえます。

### ❸ もう１つの＋α（スープなまちづくり）

　事務局チームに属する山口さんは、同時に所属会社（株）SMIRINGが松平・下山地区で構想されているスープタウン構想（スープなまちづくり）にコミットしています。SMIRINGは、スープなまちづくりの小さな一歩ともいえる「キッチンラボ」という就労継続支援B型によるビュッフェ形式の食堂を運営しています。地域の多様な人々が参加する拠点として、認知症の高齢者や、駄菓子屋が併設されていることもあって子どもたちの社会参加の場としても機能しています。この先行する社会参加の場づくり実践は、スープタウンに配置される有料老人ホームの１階・３階の中間階の２階に移設され、レストラン機能を果たします。

　このスープなまちづくりプロジェクトは、厳密にいえばSMIRINGの介護事業の展開に過ぎないのですが、山口さんという人材を通して、また地域のなかでの参加支援拠点を設計するという点で、とよた多世代PJに有形無形のかたちでつながっていると判断して、今回の福祉開発マネジャーの活動において、＋αの位置づけを与えておきます。このスープタウン構想は、第7章1節において、レシピ作りの試みとして登場します。具体的にはそこで説明することになります。とよた多世代PJの会員の組織化において、事業所のブランディング効果を「地域から愛され、信頼される事業所になることができる」との謳い文句を例にふれました。それは同時に、人材不足に悩む介護・福祉業界での人材確保の戦略の１つでもあります。スープタウン構想でも、そのような戦略が含まれています。スープタウン構想において、山口さんは、今までの福祉施設との比較のなかで、何をプラスαしているかを表4-3で示しています。とくにマーケット・インとして、地域住民の巻き込みという今日的な課題への対応を重視しています。第7章1節のレシピでは、スープ会議として、より詳し

表4-3　スープタウンの新たなコンセプト等

| | 今までの福祉施設 | これからの福祉施設（スープタウン） |
|---|---|---|
| コンセプト | 利用者・入居者中心 | ＋地域（コミュニティ）中心（「つながり」中心） |
| プロセス | プロダクト・アウト（専門職視点） | マーケット・イン（＋地域の巻き込み） |
| 空間づくり | 「利用する」「住む」重視 | ＋「暮らす」重視 |
| 機能 | 住居 | ＋「食」「つながり」ベースの場所づくり |

資料）図4-1に同じ

く触れることになります。スープタウン構想の特設 Web サイトも開設し、コンセプトや目指すものを伝えています。このような発信を通じて、スープタウン構想をはじめ SMIRING のブランディング価値を高め、ファンづくりや働き手の確保などにも寄与しています。

## おわりに ── 福祉開発マネジャーチームは、何を開発したのか

　最後に、最初の問いである福祉開発マネジャーチームは、「何を開発したのか」に答えてみたいと思います。ただし、プロジェクトの開発についてはすでに示したこともあり、以下ではプロジェクト以外の他の4つの開発について、栗本さんと山口さんとの振り返りのなかで整理した内容を述べます。就労準備支援事業や参加支援事業といった制度の委託等を受けるなかで、同事業で求められている範囲を越えた「応援」の展開がなされていること、それに伴う変化に関連したものとなります。

　第1の福祉開発の成果は、福祉専門職によるアセスメントや課題解決の方法に、新たな視点をもち込み、以下のような変化を生じさせていることです。福祉専門職のみの連携というこれまでの方法では、本人の「想い」に直結する解決（豊かな暮らし）につながらないことから、異業種・多業種の巻き込みを図っていく必要を、肌感覚的で実感する福祉専門職が増えてきました。これまでのソーシャルワークを福祉の外側へとより拡げることの意義を、事例を通じて体感することができ、従来の事業対象への支援だけにとどまっていた自分たちの活動の変革可能性を再確認できています。

　第2は、既存の制度や仕組みの活性化を生む民民協働の開発です。協議・協働の場への課題や構想の持ち込みを促進し、新規のプロジェクトにつなげるプラットフォームの中心は民民協働ということです。その形成には、民間事業所からの派遣人材による自由な発想（空想）もとにしたチームづくりが条件となっています。既存の「豊田市共同受注窓口」やシルバー人材センター事業の活性化、さらに民間として注目されるのが青年会議所の参加が大きな収穫といえます。全体的なボトムアップへとつながっていく実現可能性に手応えがある状況が生まれています。

　第3に、4車線の図（図4-5）が示すようにプラットフォームに制度福祉を担う事業所が含まれ、それへの変化を与えるフィードバック作用がみられていることです。プラットフォームの取組みは、よりそい支援課が組み立てている制度福祉の相談部門のネットワークの対をなし、非制度としてのネットワークの形成に相当しています。その担い手に制度福祉を担っている各種事業者が参加することで、制度福祉と自発的福祉（地域福祉）との協働が自由裁量性の高い民間主導のプラットフォームにおいて実現がめざされている点が示唆的です。

　地域のなかに形成されるプラットフォームをとおして、「当事者の自己実現」が「見える化」されたカタチで示され、地域共生社会という漠然としたあるべき姿に対して、目の前の地域

の困りごとと「当事者の自己実現」とがリンクする具体的な手立てとして見えています。

　第4は、行政部署における協働関係の促進に民民協働からインパクトを与えていることです。福祉制度部署ごとの事業助成の一体化を図るなど、民民協働への助成方法の新たな展望が進み、さらに福祉部門を越えた連携の展望が、「産福」のニーズをつなぐプラットフォームの形成として、産業労働課とよりそい支援課の連携の実現可能性が見えてきています。このように新たな行政文化の醸成が福祉の課題は福祉のなかでということではなく、さまざまな人々の関わりのなかで解決されていくことへの行政部門間での合意形成によって進んだといえます。その成果は、プラットフォームとしての機能の評価のもと、次年度におけるとよた多世代PJへの予算の支出が統合化されることにあらわれています。受け皿としてのとよた多世代PJも、これまでの任意団体ではなく、一般社団法人「ダイバーシティ・スタイル」として再編成されます。

　この行政部門間の合意形成には、外部からの刺激や官と民の協働における緊張関係の醸成が必要なのです。この点は、第2章や第3章のなかに見出される共通した傾向といえるもので、民間組織における福祉開発マネジャーは、こうした官と民の協働の促進、そして行政部門間の協働の促進に緊張感を与える重要な役割を担っています。

# 第5章

# 権利擁護支援センターの
# 自律的運営プロジェクト
## ――尾張東部権利擁護支援センター

## はじめに

　本章では、尾張東部権利擁護支援センター長の住田敦子さんの行政や専門機関との協働のなかで、自律的運営をめざすための戦略的マネジメントを扱います。以下では、住田センター長のマネジメントを3つ紹介します。

　第1は、センターの権利擁護支援の質を高めるためのマネジメントです。第Ⅰ部のこれまでの4つの実践を踏まえると、社会参加の促進のために本人の意向や願いを応援できる支援の質を高めることに該当しています。判断の能力の乏しい人への権利擁護であることから、とくに本人の意向に根ざした応援のための意思決定支援が重要です。1節のレシピ作り挑戦の「スナック真知子」プロジェクト（Aさん）と「意思決定支援」の事例（Bさん）にそのためのポイントを示しています。なお、1節の2事例の記述については住田さんが担当しました。

　第2の特徴は、これまでの各章で注目してきたプラットフォームの場を、成年後見制度促進計画の作成・評価の場として位置づけ、行政との協働や他機関との地域連携を推進するマネジメントにあります。何を開発しているのか、という問いに関連しては、地域の権利擁護支援の向上にむけた代弁性、自律性のあるプロジェクトということができます（2節）。

　第3は、「ゆたかに生きる権利をまもる」というNPO法人理念に立ち返りながら、計画的に推進してきた中核機関の受託事業をはじめ、法人の自主事業も含めたセンター事業の振り返り（思考様式）のマネジメントです。この評価的な思考が、戦略的なマネジメントを総合化しています。3節では、第2期計画の進行管理（2024年度）にふれます。とくに市民後見人の推進を重視することが、判断能力の不十分な人の社会参加を推進することにつながるとともに、センターの自律的運営にとっても意義のあることを論じます。

# 1節　意思決定支援は、社会参加の応援

## 1　創作レシピ作りに挑戦

「福祉開発マネジャー養成プログラム」を修了した住田さんには、第Ⅱ部の「社会参加の応援レシピ作り」につながる第5章ということで、レシピ作りに挑戦してもらいました。最初の「スナック真知子」プロジェクトには、「意思決定支援は、社会参加の応援」が表れています。

●メニュー：「スナック真知子」プロジェクト

**材料（分量）**
- ☑ 本人のあたりまえの想い　　　　　　　➡ 大さじ2
- ☑ 悩める市民後見人　　　　　　　　　　➡ 1人
- ☑ 市民後見人を支える意思実現の応援団　➡ いっぱい
- ☑ 飲み仲間としての行政職員　　　　　　➡ 1人
- ☑ 寛容な医師　　　　　　　　　　　　　➡ 1人
- ☑ 施設での暮らしを考える気持ち　　　　➡ カップ1

注）市民後見人とは、市区町村等が実施する養成研修を受講するなどして成年後見人等として必要な知識を得た一般市民の中から、家庭裁判所が成年後見人等として選任した方です。

**料理上のコツ**

本人が暮らしてきた地域での日常生活や社会参加の機会を大切にする。本人の味覚に合わせることが大事です。本人の声を受け止めて、できる方法を本人と一緒にみんなで考える。みんなの知恵と工夫をまぜあわせる「下ごしらえ」が肝心。少々おいしくなくても本人も参加して料理ができればそれなりに満足。

### 解説

①本人の味覚しらべ：誰のためのプロジェクト

　本人は有料老人ホームで暮らすAさん（70歳）、統合失調症と認知症があります。身寄りがなく体調を崩したことをきっかけに長年暮らしてきたアパートを解約して入所しました。

　お金の管理や契約の支援が必要となりMさんが市民後見人として、また権利擁護支援センターが監督人として選任されました。Mさんはセンター研修で学んだ身上保護や意思決定支援を思い出しながら、毎週Aさんのホームに訪問して面談を重ねました。

被後見人Aさん（70才）
統合失調症
（精神保健福祉手帳2級所持）
一人暮らしをしていましたが、体調を崩したことをきっかけに有料老人ホームで暮らしていました。

市民後見人のMさんが選任されました。

Aさんのおもいを聴く
Mさんは週1回訪問をして、Aさんと信頼関係が構築できるように努めました。

「何かしたいことはありますか？」

　MさんがAさんに尋ねてもい

つも返ってくるこたえは「真知子に行きたい！」

真知子ってなに？Aさん行きつけのスナックでした。

（Мさんの心情）

え～スナックって夜行くんでしょう？

お酒いいの？　統合失調症のくすり飲んでるのに？

有料老人ホームに相談したら怒らるかも？

もっと他の行けそうなところにしてくれたらいいのに～もう一回聞いてみよ。

Mさん、何度かAさんに尋ねるが答えは……「真知子に行きたい！以前はあたりまえに行ってたのに、施設に入ったらスナックにも行けんのか！」

②調理の前の下ごしらえ：プロジェクトの担い手の合意形成

悩んだMさんは監督人であるセンターに相談しました。監督人はMさんにどうしたらAさんにとって「当たり前」の思いが叶えられるか一緒に考えました。そこで本人や関係者とのケース会議を開催して、課題の洗い出しと、対応策について検討しました。

| ケース会議で課題を抽出 ⇒ | 課題への対応 |
|---|---|
| ・夜間のひとりでの外出<br>・往復の交通手段<br>・費用の問題<br>・お酒の問題<br>・薬とお酒の飲み合わせ<br>・職員のフォロー体制 | ・付き添いの確保<br>・医師への相談<br>　（薬・アルコール）<br>・往復の送迎<br>・費用：おこづかいの範囲 |

課題①夜間にひとりで外出されると心配なため、付き添う人が必要

　　➡市長申立時の行政担当者とAさんは意気投合していたため、その行政職員に白羽の矢が立った。行政職員は快諾

課題②夜間往復の交通手段は地域のたすけあい事業所に相談

　　➡賛同！市民後見人を応援・夜間の福祉有償運送対応

課題③費用の捻出・生活費がギリギリ

　　➡本人が節約すると宣言

**課題④**医師に薬とお酒の飲み合わせを確認
　　➡Mさんが受診同行して担当医に説明、承諾を求める
　　　寛容な医師はノンアルコールビールを提案・本人が同意
**課題⑤**施設のフォロー体制
　　➡夜間に帰宅する本人へのフォローと他の利用者への配慮

### ③火にかければできあがり

「下ごしらえ」は揃ったので手順の確認です。段取り中に判明した居酒屋での腹ごしらえのあと真知子へのはしごをすることに。

Mさんは事前に下調べ（お店の場所や定休日の確認）を入念にしておく。

### ④当日を迎える

段取りどおり無事にAさんはボランティアの行政職員と一緒に居酒屋＆真知子へGO！　みんなで意思実現支援に取り組むことができたけれどAさんは…「ママしかおらんかった。（若いお姉ちゃんがいなくて不満）もう行かない！」

### ●振り返り

最初にふれた「料理上のコツ」の3点について、意思決定支援としてのポイントとして再整理しておきます。

①夜のスナックに行きたいという本人の意思は一見すると不合理に思える決定かもしれませんが、それでも一旦受け止めて検討します。意思決定支援を踏まえた後見事務のガイドラインの第3原則「不合理にみえる意思決定でもそれだけで意思決定能力がないと判断してはならない」とあります。

②難しいと思う課題も支援者の知恵と工夫で意思決定支援に取り組むことが、支援者に求められる姿勢です。意思決定支援を踏まえた後見事務のガイドライン第2原則「本人が自ら意思決定できるよう、実行可能なあらゆる支援を尽くさなければ、代行決定に移ってはならない」とあります。

③意思決定支援では、まずは本人にどうしたいか聴くことから始まり、実際にやってみて、たとえ本人が望む結果にならなくても、意思実現のための本人を中心としたプロセスが重要です。

## ❷ 「意思決定支援」をめぐる相互作用の事例

### ●意思決定支援の実現と達成感がより理念の実体化

「ゆたかに生きる権利をまもる」という法人理念は、本人の社会参加を応援するミッションといえます。代弁活動の積み重ねにより形成された運営理念は、意思決定支援の実現と達成感がより理念の実体化に作用しています。その循環を、図5-1 に示しておきます。意思決定支援の展開の事例を取り上げ、図5-1 の本人とセンターの間で生じる相互作用を具体的な事例にに見ておきます。

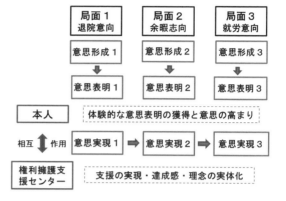

図5-1　意思決定支援の展開における相互作用

### ●意思決定支援の事例（Bさん）

**事例**　本人Bさん 40 代（女性）
　　　　知的障害（中度）、精神遅滞、保佐類型
　　　　身寄りがなく精神科病院に 20 年以上入院

#### 局面１：退院意向

市長申立てによりセンター（法人）が保佐人となりました。局面1 退院意向 の場面では、20 年以上の長期入院により自発的行動力や退院意欲が低下していました。そこで、退院に向けた 意思形成1 では、外出の機会をつくり、喫茶店ではメニューを見て選び、本屋では大好きなアイドグループの写真集や雑誌を自分で選びました。大晦日が近づくと「アイドル

グループが出演する紅白歌合戦を最後まで観たい。退院して自由にテレビが観たい」との意思が表明されました。意思表明1

その後、有料老人ホームへの見学、宿泊体験の後、同ホームに入居しました。意思実現1

### 局面2：余暇志向

アイドルグループの話題をホーム職員と交わすなかで、コンサートに行けば実際に会えて歌が聴けること、コンサートチケット入手の近道はファンクラブに加入することを知ると、本人もコンサートに行ってみたいと思うようになりました。意思形成2

その後、本人はファンクラブへの加入とコンサートに行きたい！との意思を職員や保佐人に伝えました。意思表明2

本人は保佐人からファンクラブやコンサートチケット費用等について説明を聞いて、お金のことを考え、お小遣いの節約をしました。そしてファンクラブに入り、見事抽選に当たり、移動支援を利用してコンサートに行くことができて本人は大喜びでした。意思実現2

本人の意思による地域生活での体験の広がり
・好きなアイドルのファンクラブに入り、
　コンサートに行く

### 局面3：就労意向

退院後は地域活動支援センターで基本的な生活習慣の獲得や簡単な作業を行っていましたが、コンサートやグッズ購入にお金がかかること、洋服やアクセサリーも欲しくなり、仕事をしてお金を得たいと思うようになりました。意思形成3

相談支援専門員からの提案により就労継続支援B型事業所の見学や就労体験をしました。この頃には基本的な生活動作である着替え・入浴・部屋の掃除・食事の準備や片付けなども習得して自信がついてきたこともあり仕事への意欲が高まり、B型事業所利用の意向を表明しました。意思表明3

その後、支援者と相談しながら利用日数を少しずつ増やし、給料の中でお金を自己管理する経験をしながら、ほしいものを買うためにお金を貯めることも習得しています。意思実現3

■ 就労への意欲
① 生活に関する基本的な習慣を獲得し、就労への関心が高まる
② 複数の就労継続支援事業所B型の見学や体験
③ 支援者と相談しながら利用日数を少しずつ増やす

■ 給料の中で自己管理する経験の積み重ね
　欲しいものを買うためにお金を貯めることを学び、
　金銭管理能力を習得

● 振り返り

　これまでを振り返ると、20年以上の入院によりパワーレス状態となり、薬の副作用も強く生活全般に介助が必要でした。そのため退院後の局面1～3には7年間の歳月を要しています。地域生活のなかでの意思決定支援により意思形成が意思表明に結びつくだけでなく、「意思の実現が次の意思の実現を呼ぶ」という関係を示しています。その波及を貫く当事者の意思として、センターが着目しているのがアイドルグループに会いたいという本人の普通の想いです。そこを起点としながら、当事者の意思の高まりと3つの局面を貫く支援との相互作用が形成されています。さらに本人のエンパワメントにより生活能力が向上し就労も安定し、余暇活動が生活の質を高め、「ゆたかに生きる」ことの実現につながっています。

　法人後見ではこれらの実践知を職員間で共有し、積み重ねていきます。法人後見のデメリットといわれる顔の見えない関係ではなく、担当制にすることにより個人後見のようなメリットを活かしつつ、法人内で意思決定支援の相談や検証を行うことにより、法人後見の質の向上をめざしています。それらの実践は個人に還元されますが、その広がりが地域の権利擁護意識の醸成につながっています。

## 2節　尾張東部権利擁護支援センターの自律的展開

### ❶ 権利擁護支援センターの自律の摸索

● 権利擁護を応援する組織の整備

　権利擁護を応援する仕組み作りが、権利擁護支援センターのなかで、どのように形成されてきたのでしょうか。まず、権利擁護を応援する組織を紹介しておきます。

　市町村福祉行政における権利擁護の担当部署が協力する形で権利擁護を応援する組織は、権利擁護支援センター、中核機関、地域連携ネットワークといった名称のもとに整備されています。権利擁護を応援する役割を重複して担う関係にあり、同一組織が担う場合も少なくありません。本章において注目しているのは、1つ目の「**権利擁護支援センター**」です。文字どおり権利擁護の応援の実体化を担う組織です。成年後見センターや権利擁護センターなど多様な名称がありますが、総称して「権利擁護支援センター」の名称を用います。

　2つ目は、国の成年後見制度利用促進基本計画（第一期）で提示されている「**中核機関**」です。同機関は、広報、相談、成年後見制度利用促進、後見人支援の4つの機能を担います。3つ目は、同基本計画で提起され、中核機関が推進するとされている「**地域連携ネットワーク**」構築です。同ネットワークでは、地域や福祉、行政司法などの多様な主体が連携して権利擁護を推進することになります。

　これらは、権利擁護支援センターの整備のなかで、機能として確保される場合もあれば、

中核機関の整備が先行するなかで、権利擁護支援センターの設置がなされ、地域連携ネットワークの形成が取り組まれる場合もあります。なお、市町村福祉行政の権利擁護の所管部署は、3つの組織の整備や活動、財政的な支援において重要な役割を果たしています。

尾張東部の圏域においては、尾張東部権利擁護支援センターの整備が先行し、同センターが中核機関を担い、地域連携ネットワークを推進する役割を果たすことが明確にされました。

●**尾張東部権利擁護支援センターの自律の摸索**

尾張東部権利擁護支援センターは、行政主導で2011年10月に設置され、愛知県の5市1町(瀬戸市・尾張旭市・豊明市・日進市・長久手市・東郷町)からなる広域圏域をカバーするNPO法人として運営委託されています。当初の名称は、尾張東部成年後見センターで、2018年度に策定された尾張東部圏域の第1期成年後見制度利用促進計画(以下、1期促進計画と略す)のなかで、幅広い権利擁護支援の計画内容が盛り込まれたことを受けて、2019年5月に名称変更を行っています。現在(2024年度)は、2期促進計画(2023年度~)の実施において、2年目の時期に相当しています。

表5-1を用いて、行政委託との関係を出発点にして14年におよぶ尾張東部センターの実践を、行政等との間で組織のミッション(ゆたかに生きる権利をまもる)に基づく自律的運営やそのための協議(交渉)するための場およびマネジメントによって、次の3つの段階に区別することができます。

第1段階では、行政主導の委託関係を改善し、法人後見中心からコーディネータ機能を担うセンターへと脱皮します。行政との協議(交渉)の場としては、専門職や行政を委員とする「適正運営委員会」の場が活用されています。同委員会は、法人後見を含め、センター事業の適正な運営を審議しています。

表5-1 尾張東部権利擁護支援センターの展開プロセス

| | | 独自の法人後見事業 | 委員会・計画の場のマネジメント | コーディネート・マネジメント機能 |
|---|---|---|---|---|
| 第1段階<br>法人後見人中心 | 2011年度設立 | 法人後見中心の委託事業 | ＊適正運営委員会にてケースの全件確認・助言 | |
| | 2012年度状況 | 法人後見の増加 | | ①コーディネート重視(提案)<br>法人とも市町課長会議での協議<br>8回実施 |
| 第2段階<br>コーディネート | 2013年度<br>2014年度 | 法人後見受注<br>ガイドライン策定<br>導入 | | ②専門職協力者名簿登録制度<br>法律専門職とのネットワーク(構築) |
| | 2015年度 | | 適正運営委員会内に市民後見分科会を設置 | ③市民後見推進事業<br>市民参加のネットワーク(構築) |
| | 2019年度 | 法人後見の評価<br>(本人調査の実施) | ＊第1期利用促進計画策定<br>(センター内中核機関の設置) | ④意思決定支援の推進(プロジェクト:相談支援の専門職の参加の促進)<br>⑤日常生活自立支援担当者ミーティング |
| 第3段階<br>計画推進のマネジメント | 2020年度<br>2021年度 | 意思決定支援ミーティングの実施 | 計画の進行管理委員会 | ⑥自費ミーティングの拡大<br>(生活困窮者自立支援担当者の参加) |
| | 2023年度 | 他法人による後見の推進 | 第2期利用促進計画策定 | ⑦「身寄りのない人」の権利擁護支援研究プロジェクト(行政担当者の参加) |
| | 2024年度 | | 第2期計画の進行管理委員会 | ⑧「身寄りのない人」の権利擁護支援のモデルプロジェクト構想(参加自治体による実験) |

第2段階では、第1期の促進計画の「策定委員会」の場を通して、コーディネータ機能に加え、同計画にセンターの自律性とその運営の条件整備を盛り込むことを模索します。

　第3段階（今後の展望を含む）では、第1期・第2期の計画的な推進を図るとともに、国の権利擁護支援として求められている課題を、地域連携ネットワークの推進も視野に入れた「プロジェクト」の場を用いて達成する段階に当たります。

　表5-1が示すように、後半の2つの段階では、計画の策定と評価を経て、センター自律のマネジメント機能が発揮されています。ただし、第1段階での行政との協議（交渉）を支えたセンターの法人理念が、その後のセンターの自律的運営の戦略に一貫して反映しています。

## ❷ コーディネート機能への転換

　第1段階では法人後見の実施団体としての委託内容が、支援業務上の制約をもたらすことから、早期の段階で改善する交渉を行います。つまり、センター支援業務の重点をコーディネート機能へと転換をめざします。

　センター事業開始後、市民向けの広報啓発、研修会などの権利擁護に関する人材育成の取組みを重点的に行った結果、相談件数が増加するとともに、法人後見の受任件数も比例して増えました。増えた法人後見業務と求められる相談支援業務との間にトレードオフの関係が生まれ、支援業務上のジレンマへの対応が求められました（省察的な認識）。「ゆたかに生きる権利をまもる」という「法人理念」を遂行させるためには、単純に法人後見を受け続けるのではなく、他の専門職の受任をコーディネートする機能への転換を図る必要があったということになります（法人理念の遂行）。

　行政を説得する戦略として、受任増加に伴う相談員増員による行政の財政負担の増加を回避することも視野に入れつつ、法人後見の件数を相談員一人あたり10件までの担当制とする方向を選択します。法人後見のルール化として「法人後見受任ガイドライン」を作成することで、専門職後見人が個人で受任するには困難な、あるいは成年後見制度利用支援事業の要件を満たさず報酬が見込めないなどのケース（困難性のある事案）を引き受け、セーフティネット機能を果たすという正当性を訴えます（代弁活動）。

　もう1つの転換の方法が、後見人等候補者調整の段階から選任後までの機能を備えた尾張東部圏域独自の「専門職協力者名簿登録制度」の導入です。名簿登録制度における協力要件は、センターで整備する名簿に登録した法律専門職は後見人等候補者となること、身上保護に十分配慮し、行政、福祉職など他の支援者と協調して後見業務を行う趣旨に賛同し後見活動を担うこと、住民や関係機関からの権利擁護に関する法律相談対応を担うこと等としています。これらの要件への合意を図るなかで、法律専門職との対等な連携・協力関係を図ることが実現できたといえます。そして、主な課題等の解決後には、市民後見人へのバトンタッチを推進しています（代弁活動）。

## ❸ 利用促進計画策定の場のマネジメント

### ●1期利用促進計画－3つの主体別の計画

　計画の策定におけるセンターの働きかけの結果、20の施策項目を有する1期利用促進計画では、行政を主体とする計画項目A（施策1～4）に対して、権利擁護支援センターを主体とする項目をBとすると、施策5～16といった多くの計画項目が含まれています（中核機関としての主体を含む）。行政計画の常識からすると、他の主体を主語とした計画項目を採用することに合意が得られにくい傾向にあるなかで、同センターが計画の策定および実施主体としても位置づけられたことは、自律的な運営を象徴的に示すものです。地域連携ネットワークを主体とした項目のCでは施策17～20が含まれます。

　この自律的な運営をめざす流れは、第1段階での行政との交渉（コーディネート機能への転換）の3つの戦略を踏襲するものです。そこで第1段階での3つの戦略的マネジメントの柱から、第2段階への継承を整理しておきます。第1段階でのセンター長による戦略的な思考（省察的認識・法人理念の遂行・代弁活動の展開）を横軸にとると、計画策定プロセスでは、次のような戦略性がとられています（表5-2）。

　省察的認識に相当する作業としては、センター事業の自己評価作業が計画策定の出発点となり、法人理念は促進計画上の要請から権利擁護支援や意思決定支援の達成という計画上の理念や目標へと発展しています。そして、センターの代弁的な役割を担保するために、センターを主語とした計画項目が設定されるとともに、とくに施策13において、「モニタリング機能及び相談・苦情窓口の整備」を設定します。13-1：「本人にとってメリットが感じられる」制度の運用、13-2：被後見人からの相談・苦情への対応、13-3：本人の状況に応じた類型変更・後見人等の交代等についての家裁との調整、を取り入れています。

　第1段階での行政との交渉の場は「適正運営委員会」であったものが、利用促進計画の策定委員会の場へと広がっています。

表5-2　2つの段階における自律的運営の戦略

| | | 第1段階　行政主導から転換 | 第2段階　計画作成の戦略性 |
|---|---|---|---|
| 戦略的マネジメントの3つの柱 | | 法人後見の増加の予測から、相談支援が軽視されるという危惧を省察的に認識する　〈省察的認識〉 | センターの法人後見・専門職後見・市民後見のバランスある推進の**自己評価**を計画策定のなかで実施する |
| | | 法人理念（ゆたかに生きる権利を守る）に根ざした機能への転換　〈法人理念の遂行〉 | 先行する**法人理念**を広域行政が担う計画の理念・目標に反映させる |
| | | 身上保護を重視した専門職後見をチェックする代弁活動を実践　〈代弁活動の展開〉 | モニタリング機能及び相談・苦情窓口の整備（施策13）等の計画項目により、被後見人の**代弁的機能**を担保する |
| センターの自律的運営をめぐる場 | | 委託関係における対等性の確保と「適正運営委員会」の提言機能を確保する | 計画策定の場のマネジメント（事務局役割）とセンター主体の計画項目によって責任性と自律性を担保する |

# 3節　2期計画のプロジェクト活用による社会参加の応援

　国の第二期利用促進基本計画では、成年後見利用促進より幅広い権利擁護支援の推進および地域共生社会の推進が採り入れられています。また、重層的支援体制整備事業では、相談支援に加えて、参加支援や地域づくりとの協働をもとめる新たな政策動向がスタートしています。尾張東部の2期計画には、これらの政策を反映させています。その1つは、判断能力が不十分な人の参加の応援です。権利行使の支援プロセスへの参加とともに、地域社会に参加し、共に自立した生活を送る目的的な参加を重視し、そのための条件整備に取り組むことを2期計画に盛り込んでいます。それに関連した2期計画における取組みの構成は、図5-1です。

　これら4つの軸以外にも多様な施策が関連していますが、2つのプロジェクト（施策14.15）と法人後見の質向上等（施策5.6）、市民後見の推進（施策9）とを軸に、以下プロジェクトの推進の場を活用した「地域の権利擁護支援の向上」をめざした社会参加の応援を展望しておきます。

## ❶　2つのプロジェクトの推進の場

　施策14は意思決定支援の研修プロジェクトの実施で1期計画からの継続のプロジェクトといえます。1期以降において、プロジェクトチームを設定し、地域包括支援センターや障害相談支援事業所、さらに行政担当者の参加を得ながら、意思決定支援リーダーを養成する活動を進めてきました。その成果を踏まえ、被後見人等の代弁活動の推進を視野に入れた研修を試みます。そして、権利擁護支援センターが判断能力が不十分な人の参加を他の専門相談機関と連携しながら実施することを展望しています。

　他方、新規の施策15の身寄りのない人の支援研究プロジェクトでは、試行的な事業を参加可能な自治体とともに、新たな権利擁護行政を形成するために、重点事業として進める戦略を採用しています。新たな国

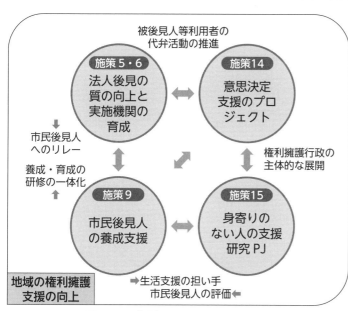

図5-1　2期計画における取組構成

表5-3　市民後見人の活動実績

| 年　度 | H28 | H29 | H30 | H31 | R2 | R3 | R4 | R5 | 受任率(%) |
|---|---|---|---|---|---|---|---|---|---|
| バンク登録者数 | 19 | 19 | 38 | 35 | 43 | 39 | 55 | 55 | — |
| ※法人後見からのリレー累計 | 4 | 4 | 5 | 6 | 7 | 10 | 11 | 11 | — |
| ※専門職からのリレー累計 | 0 | 0 | 0 | 0 | 0 | 3 | 3 | 3 | — |
| 受任者累計 | 5 | 10 | 12 | 19 | 20 | 29 | 34 | 40 | 60.6% |

の支援策の導入が検討されるなかで、身寄りのない人の支援の受け皿を模索する研究プロジェクトの準備に相当しています。その点では、これまでのセンターにおける市民後見の推進の実績（表5-3）をどう活用し、身寄りのない人の生活支援に結びつけられるかも検討対象となっています。そのためには、参加自治体行政の市民後見人の養成と活動への正当な評価が必要となります。また、センターはこれまでも市民後見推進事業に、日常生活自立支援事業の生活支援員の研修参加を受け入れ、社会福祉協議会との連携を図っています。

　身寄りのない人の支援の研究プロジェクトの場にあって、権利擁護を担う行政担当者の主体的な参加が求められるところです。そして、いかに試行事業を経て本格実施に向かうのか、「地域の権利擁護支援の基盤づくり」としても、期待が大きいところです。

### ❷ 市民後見推進における戦略性

　同研究プロジェクトへの行政担当者の主体的な参加を促進する目的からも、市民後見人の取組みの推進が大きな刺激材料になると、住田さんは考えています。その視点を踏まえて、センターの運営が両者を媒介する形で、図5-2が構想されています。その枠組みは、これまでのセンターの自律的運営の展開のなかに位置づいています。

　一方で、権利擁護行政による中核機関の委託のなかで、センターにおける自主的・独自的

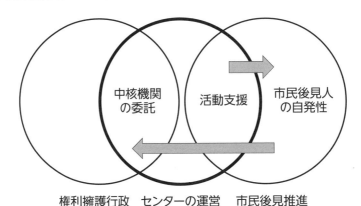

図5-2　権利擁護センターの自律的運営と市民後見推進の相互作用

な運営領域が狭まる傾向も生じ、他方で、法人後見ニーズの高まりや法人後見業務の増加のなかで、自主的な事業展開が制約を受けている状況を踏まえて、新たに自律的なセンター運営を展望したものでもあります。後者では、他の受任法人後見の開拓（施策6）と市民後見の普及（施策9）が視野に入っています。これまでの2つの節のなかでふれたように、センターは身上保護や意思決定支援における市民後見の意義とその実現に戦略的に取り組んでいます。その成果のなかで、市民後見人の自発性を高めることで、中核機関の機能が委託主導になるのではなく、新たな市民後見活動の成果を反映できるような体制として、充実させることをめざしたモデルが図5-2です。

　同モデルは、センターによる市民後見人の活動支援による作用（ベクトル）と市民後見人の自発性からの反作用（ベクトル）の相互作用を示す構造ということができます。その相互作用は次のような作用を意味します。

①権利擁護センターが、権利擁護行政による中核機関の委託領域が拡大するなかで、自律的な運営が低下することが予測されます。

②センターによる市民後見人への活動支援の強化によって、身上保護、参加支援重視の方向性が進みます。

③身上保護の重視による被後見人の利益の保護が、行政によって評価され、センターが市民後見推進を強化する自主的な取組みの意義が承認されます。

市民後見人の自発性からの反作用がどのように行政評価に結びつくのか、十分に検証できているとはいえませんが、2期計画の進行管理の作業のなかでは、身上保護を重視できる段階での市民後見人へのバトンタッチの実績の評価を取り上げることで、市民後見人に対する行政の評価はすでに高まっています。

　また、市民後見人の自主的なボランティア活動の芽が生まれ、センターが支援する関係ができつつあります。その意味では、この図式化はモデルにとどまっているのではなく、推進の指針となっているともいえます。進行管理の運営との関係でいえば、利用促進計画の策定および進行管理の場への市民後見人の参加を確保することも検討の1つといえます。

## おわりに ── 国検討会に、社会参加応援の意思決定支援を提起

　住田さんは、国の「地域共生社会の在り方検討会議」（2024年6月にスタート）に出席するなかで、これまでのセンターでの実績を踏まえつつ、以下の4つの提案を行っています。その提案には、今後、地域共生社会の推進戦略に求められる市民活動としての市民後見の推進や福祉と司法の連携への示唆、言いかえれば重層的支援体制整備事業と権利擁護支援事業との融合を促進する条件が提示されています。そして、本書が提起している社会参加の応援のために必要となる権利擁護支援の具体的な戦略にも合致しているといえます。

①本人にとって適切な後見人等への受任調整：市民後見人の意義

　本人にとっては誰が自分の後見人等になるかは最大の関心事です。そのためセンターでは本人の課題に応じて後見人等の候補者調整をします。そして家庭裁判所に申立てをする前に本人、親族や関係者と後見人等候補者となる人との面談をこれまでもセンターは実施しています。このマッチングを経て申立てをすることによって、家庭裁判所との共通認識を深めています。

　たとえば、本人の課題に債務整理や自己破産などがあった場合、その課題が解決するまでの一定期間は法律専門職による支援が必要となりますが、課題解決後には地域生活における意思決定支援が重要なため、それらの対応にふさわしい、たとえば市民後見人への交代を視野に入れています。

②課題解決後の後見人等の交代の支援：本人にとってふさわしい後見人等の交代

　後見人等が必要になった当初の課題が解決後には、今後の生活において本人にとってふさわしい後見人を再度検討する仕組みの普及です。また、親など親族が後見人等になっている場合、高齢化や疾患などにより、親族から専門職後見人や市民後見人に交代することが必要となる場合もあります。

　どの場合においても本人にとってよりふさわしい後見人等に交代する必要がある場合に、①と同様に候補者の調整を行い、事前マッチングを経て、本人が納得して安心できるように手続きの支援を行います。

③後見人等に対する相談・苦情対応

　①や②のように、面談を経て、後見人等による支援がスタートしても成年後見制度による支援期間は長期間に及ぶため、さまざまな要因により後見人等に対する不信感や不満が生じると、相談や苦情というかたちでセンターに連絡が入ります。センターでは本人や関係者、後見人等から個別で事情を聞き、事実確認をするなどをして対応方法の検討をします。その際、多くの場合、ケース会議等の話し合いで解決しますが、必要に応じて専門職団体や家庭裁判所とも連携して対応します。しかし、現在のところセンター（中核機関）に法的根拠はなく、また苦情解決機関ではないため後見人等の苦情に関する対応には限界があります。

④意思決定支援に関するサポート：社会参加を視野に入れた意思決定支援

　後見人による支援では、保全を目的とした財産管理中心の事務が行われがちでしたが、身上保護や財産管理においても意思決定支援の考え方や実践が重要であることなどを示した「意思決定支援を踏まえた後見事務におけるガイドライン」の策定により、後見人等にも意思決定支援が求められるようになりました。そのためセンターでは、意思決定支援プロジェクトを立ち上げ、後見人や関係者による意思決定支援推進のための研修会や事例検討会を行

い、社会参加を視野に入れた意思決定支援の推進に努めています。

　実際には専門職後見人等や関係者から本人にとって重要な法律行為（たとえば施設入所や自宅不動産の売却等）の課題が生じたときに、本人を中心としたチームで本人が意思形成や意思表明ができるようサポートします。具体的にはガイドラインで示されている様式を利用して、意思決定支援ミーティングを開催して、本人や後見人等をサポートします。この取組みが、進行管理での支援プロジェクトの摸索に該当しています。

第Ⅱ部
社会参加の応援レシピ作り

# 第6章

# FFPにはじまる 若者シェフがつくるレシピ（釧路市）

地域生活支援ネットワークサロン（第1章）の後半期には、+αを意味する想定していなかった活動が生まれます。その流れをレシピとして描くと、次の3つの献立が出来上がります。それらのレシピをもとに料理するのは、若者シェフたちでした。

NPO法人地域生活支援ネットワークサロン・代表●日置真世

## 1節　見えない枠から自由になる活動 − FFP

**レシピ**

**材料（分量）**
- ☑生きづらさを自覚する若者たち　➡ 10名前後
- ☑本質を問い返す機会　　　　　　➡ そのつど、適量加える
- ☑理解あふれる助成団体　　　　　➡ 1つ

**料理上のコツ**
この料理は分量をあまり気にしなくても、そのつどで別の味わいが出てきて美味しくなります。理解あふれる助成団体のバックアップを受けた6年間で思う存分、料理をすることができました。そのプロセスでいくつかの定番メニューも開発されていくことになりました。若者たちの素材のよさを引き出すための基本料理といえます。

**解説**　Frame Free Project（フレームフリープロジェクト：通称FFP）は2015年から正式にスタートした若者たちとの活動の名前です。活動への思いを若者たちはこう表現しました。

💬 仕事をしていない、病気がある、学校に行っていない。

💬 私たちの抱える生きづらさは、まるで悪いことをしているように言われてきました。

💬 私たちの存在は、肩書きや立場や思惑の前で、とるに足りないもの、なきものとして扱われ、生き方を指導されるだけでした。

💬 それは私たちにとって何の意味もなさなかったし、それどころか私たちにとって「私」を見失う結果になりました。

💬 運よく私たちの生き方を認め、サポートしてくれる人に出会えて、安心して食べて眠れる場所、社会的な活動の機会を得て、何とかやっていけるかもしれないと思えるようになり、徐々に自分らしく（自立）進んできました。

💬 しかし、「私」を失ったことは想像以上のダメージとして、私たちのなかで残り続け

- 何かをしても続かなかったし、積みあがっていきませんでした。
- それが非常に歯がゆくもどかしかったです。
- 日々の活動を通じて、「私」を表現していくなかで他者とつながり、ようやく「私」が積みあがり、社会につながっている手応えを感じ、生きている実感が湧いてきました。
- 私たちが抱える生きづらさに着目したとき、それは、実は社会の不完全な部分を映し出していることが見えてきました。
- 生きづらさがわかる私たちだからこそ、これからの豊かな社会を実現していく役割があります。

若者たちはこの料理のメインの材料なのですが、当初は材料になるとは思っていませんでした。ほとんどの若者たちは出会ったころ、とても弱っていました。日常生活や社会生活を送るためのスキルを身につけておらず、逆に過酷な環境を生き延びるためのサバイバルスキルをたくさん身につけていました。一緒に料理をするパートナーというより、釧路で私たちが関係者と作ってきた社会資源を活用する側としてつながっていたのです。

しかし、私はこれまで自分たちが生活当事者として、単なる支援を受ける側としていても元気になれないという経験が基盤としてあったことから、若者たちを支援するというより、一緒に活動する機会を作るようになりました。

若者たちは活動を「講師派遣」「研究活動」「日常活動」の3種類に整理しました。

「講師派遣」は若者たちが講師として、支援者などに自らの経験を語り、当事者から見える世界を知ってもらうものです。支援者からはふだん聞くことのできない当事者の発信を聞くことで学びが広がり、若者たちは自分の経験が誰かの役に立つことを実感すると同時に、自分を客観視したり振り返ったりする貴重な機会となります。

「研究活動」は物事の本質を対話によって探り出す「フィードバック研究会」を中心に、ふだん何となく使っている言葉や考え方を問い返す活動です。家族とは何か、友だちとは何か、恋愛とは何か…などなど、お互いの感じ方や考えを交換することで自分を知り、他者を知っていきます。遠隔の人もリモートで参加します（写真6-1）。

最後の「日常活動」は副産物的な存在です。活動を積み重ねると自然と一緒にご飯を食べたり、遊んだり、ともに日常を過ごす時間が増えていきます。実はこの時間が若者たちにとって子ども時代に経験できなかったことを取り戻す貴重な機会となりました。楽しいことの分かち合いだけではなく、ときには険悪なムードになったり、喧嘩をしたりすることもありますが、それでも関係や活動が緩く継続することで安心や安全の土台となったように思います（写真6-2）。

FFPの活動が定着し、成長につながった背景には2015年度から助成を受けた秋山生命科学振興財団の存在が大きくあります。年間100万円ほどの助成金はお金の使い道にまったく制限はなく、領収書の提出も不要でした。ただし、毎年自分たちの活動の成果を報告する

写真6-1　通信セミナーの共同学習会の様子　　写真6-2 お客さんと鍋を囲む　日常活動の風景

機会が必須となっていました。活動を信頼して任せ、自由裁量を認めたうえで、説明責任だけはしっかりと果たすことを求められたことは、若者たちが社会の一員として認められ、扱われることにつながったのです。

また、単年度ではなく3年間の継続した助成を受けられたことも助かりました。さらには、3年で終了する際には、再度のチャレンジも勧めてくれ、結果として3年間×2回の合計6年間の活動の応援をしてくれました。最初の3年間は私が代表として申請書の作成やお金の管理を行いましたが、2度目のチャレンジは若者たち中心で進めることができました。

FFPはまさに「自分になる」「自分を確立する」活動で、それはすなわち「市民になる」機会の獲得だったように思っています。

## 2節　コミュニティホーム大川の日常生活

| レシピ | |
|---|---|
| 材料（分量） | ☑蛻の殻になった大きな拠点　　　　　　　　　　➡1つ<br>☑自分を取り戻し始めた若者たち　　　　　　　　➡数名<br>☑生活支援を必要とする障がいのある人たち　　　➡数名<br>☑制度事業（自立援助ホーム、グループホーム）➡各1 |
| 料理上のコツ | これまでも、不可抗力でできあがった料理はたくさんありますが、これほど計画も意図もないまま、必要性に迫られて苦し紛れに作り出した料理はないかもしれません。<br>味の決め手は自分を回復し始めた若者たちと生活支援を必要とする障がいのある人たちの組み合わせでした。のちに、過酷な幼少期を体験してきた10代の若者たちも加わり、料理として進化を遂げ、その後もバージョンアップを繰り返していきますが、その原点は若者たちとの活動から派生しています。 |

**解説** 2017年にNPO法人として大きな転機が訪れました。運営の中心を担っていた複数のメンバーが、新しい法人を立ち上げ、事業の一部や人材を大規模に移行していきました。以前からスタッフが事業の一部の移行を前提として独立することはありましたが、ここまで大規模で法人運営に大きな影響を与える展開は初めてでした。

　職員がいなくなることで、担い手が確保できずに事業が回らない事態が生じました。とくにグループホームは泊まりの人員がいなくなり、統合や閉鎖の必要が検討されました。また、鉄筋コンクリート3階建ての立派な自立援助ホームは職員も利用者も全員がいなくなりました。グループホームの利用者さんには身寄りのいない人もいましたし、家族がいても長い時間をかけて家族と関係づくりを行いながらサポートをしてきた方もいました。最初は、別のグループホームを探し、事情を説明して、移ってもらおうと思いましたが、まずは本人や家族の思いを聞かずに方向性を決めるのは違う気がしていました。自分がもし、利用者の家族の側だったら……と考えると、そんな簡単なことではないと思ったのです。

　しかし、現実には、事業の統廃合を検討しても人員は少なすぎました。利用者の希望があっても、それを受け止められるだけの準備ができない苦悩をしていたときに、FFPで一緒に活動していた若者が言いました。

　「私たちと、グループホームの利用者さんと大川で一緒に暮らせばいいのでは？」

　私はその手があったかという思いと同時に、大丈夫なのか？　という心配もありました。ただ、その提案からシミュレーションしていくと、何とかなりそうな気持ちが出てきて、やがて「それしかない」「この方法がいい」と思うようになりました。

　もともと自立援助ホームだった建物は再スタートした自立援助ホームと障がいのある人たちのグループホームと、若者たちの下宿が入り混じる多機能な共同生活の場となり、「コミュニティホーム大川」と名づけられました（写真6-3）。

　冬月荘が「コミュニティハウス」だったのに対して、「コミュニティホーム」としたのは、FFPの日常活動があったからです。物理的な空間だけではなく、居場所や安全基地の役割を備えた「ホーム」の機能を意識しています。FFPの活動では副産物的に誕生し、その後に重

写真6-3　コミュニティホーム大川の全景

写真6-4 若者が一緒に暮らす車いすの青年の介助

要性が高まっていた「日常活動」はコミュニティホーム大川によって「日常」となりました。

また、FFPで次の目標として検討していた「自分たちらしく働くことができる仕事を創造すること」もコミュニティホーム大川のスタートによって、自然と実現しました。それは、いわゆる一般的な就職とか、労働という概念とは別で、そこに介護や支援を必要とする人たちがいること、関わりを求める人がいるという必要性が発生し、一緒にいるから自然と担う形の新しい感覚の仕事であったと思っています。

ひきこもりで仕事に出られなかった若者が一緒に暮らす車いすの青年の介護を仕事にしながら、人との関わり合いについて考えたり、ギャンブル依存に向き合う若者が援助ホームの10代のメンター役になったり、母親との共依存の中を生き抜いてきた若者がいろいろな大人と関わることで多様な人間関係のあり方を実感したりと、日々さまざまな相互の学びが展開しました。そうした日々織りなされるリアルな人とのつながりが、多くの可能性のもとになっています。実際の運営には大変なこともたくさんありましたが、それを差し引いてもおつりがくるぐらい、コミュニティホームの運営を通してともに成長できることに私自身がもっともエンパワーされました。

必要に迫られて、やるしかない状況であった事情はありますが、若者たちと利用者さんたち、そして10代の子たちのコラボレーションを見ながら、自分自身もそこに深く関わるなかで、社会に出るというのは、本来はこうしたプロセスなのかもしれないと感じました。

福祉事業の市場化が進み、商売として福祉事業が広がっていくなか、目の前にあるニーズに目を向け、そのニーズをうまく組み合わせて、社会資源を創造していく地域づくりの原点がそこにはありました。それは、これまでもずっとやってきたことなのですが、法人の運営を根底から揺るがすような大ピンチに、これまで社会的に自立が難しいあるいは課題を抱えていると扱われていた若者たちと対等に協働で生み出されたことに、大きな意味があったと思います（写真6-4）。

これまで、拠点やスタッフ、関係機関や行政との連携などが社会資源として開発され、たくさんの事業や組織を生み出し、活用してきたのですが、大きくなればなるほどそこに違和感があったことも確かでした。当事者性が薄れていき、サービスの提供と利用という関係が強くなります。本来、何らかの事情があって自分らしく生きられない、つまり権利を守られてない人がいるのなら、制度やサービスの有無に関係なく、自分の問題の延長線上として一緒に考える機会をもち、誰もが公共性の担い手となって動いていく市民活動のマインドが、福祉制度や雇用や会社組織の理論によって、ぐらつき始めていました。

そのなかで、コミュニティホーム大川の取り組みは地域づくりの原点を再認識するとても重要な機会となりました。また、若者たちを見ているとまだまだ眠っている貴重な人材がたくさんいるという可能性の広がりを感じました。同時にそれらの貴重な人材の多くは依然として支援の対象として扱われていることへの歯がゆさも感じつつ、魅力ある素材を発掘し、生かすための取組みをさらに進めていく原動力になったことは確かです。

## 3節　ネットの居場所ポータルサイト「死にトリ」

**材料（分量）**　レシピ
- ☑ 自殺防止対策事業の補助金　➡ ネットパトロール1つとネットの居場所事業1つ
- ☑ 病み垢 ➡ ものすごくたくさん　多ければ多いほうがいい
- ☑ 「死にたい」が身近な若者たち ➡ 適量

**料理上のコツ**
私のような支援の専門職だけではまったく思いつくこともできない料理です。病み垢という素材を集めて、エキスを抽出したら、4種類になることがわかりました。エキス抽出を成し遂げた「死にたい」が身近な若者たちがほどよいスパイスになって、大人気の味になりました。これまでは身近な人たちだけで食べる料理を作ってきましたが、ネットの活用により世界中どこにいても、食べられる身近さで急速に普及しました。もう5年以上も毎日毎日約1000人あまりの「死にたい」が身近な人たちが食べにきて、レシピをバージョンアップするヒントをくれています。

**解説**
　「死にトリ」の由来は「死にたい」の取扱説明書（トリセツ）です。その発想は2018年、自殺対策の事業として当時のTwitter（現在のX）のパトロール事業に取り組んだときでした。それまで、たくさんの生きづらさを抱える若者たちと関わってきましたが、「死にたい」「消えたい」という訴えについて、あまり考える機会がありませんでした。どちらかというと、経済的な悩みや家族関係、依存の問題など、具体的な課題と向き合うことが多かったからです。しかし、ネットパトロールをやりながら、改めて若者たちに話を聞いてみると、ほとんどが「死にたい、消えたいと思ったことがある」と答えました。
　また、Twitterには「病み垢」と呼ばれるアカウントがあり、ある種のコミュニティが形成されていることがわかりました。そのコミュニティの共通のキーワードが「死にたい」という言葉なのです。だから、私たちはそのキーワード「死にたい」について、解明すべく活動を深めていきました。そこで行きついたのが『死にたい』の取扱説明書、つまり「死にトリ」というわけです。なぜ、「死にたい」なのか？　今の社会の課題を理解するために極めて

図6-1 「「死にたい」のトリセツのポータルサイト

端的なテーマでした（図6-1）。

「死にトリ」のなかでもダントツに人気のコンテンツが「つらチェック」です。90の質問に答えていくと『なぜ、死にたくなるのか？』という原因や背景について分析した結果を詳しく知ることができます。これは前述のTwitterパトロールで「死にたい」「消えたい」「つらい」とつぶやくアカウントをたくさん見つけ出し、調査・研究し、議論を重ねて作り上げたものです。分析を深めていくと「死にたい」「消えたい」には、大まかには4種類の苦しさがあることが整理されていきました。

1つ目は家族や友だち、パートナーなど親密な人間関係に幸せを感じたいけれど、それができなくて苦しいという思いでした。その場合の「死にたい」を『愛し愛される普通の人間になりたい。けど、そうなれない人生なら要らない』と表現しました。具体的には家族を失った悲しみ、一人ぼっちで誰も自分を愛してくれない絶望、モテない人生なんて無意味でみじめだという気持ちなどがあげられます。

2つ目は人の役に立ちたい、有用感、達成感を得たいのに、それができない、できないどころか逆にお荷物になっている、迷惑をかけているという苦悩でした。その場合の「死にたい」を『自分の力を発揮して夢を叶えたい　けど、それができないなら生きる意味がない』と表現しました。具体的にはメンタルの不調を抱えて働くことができない、発達障がいなどでできることが限られたり偏っていたりして、失敗を繰り返し、仕事が続かない、何をやっても怒られたり、否定されたり……というものです。

3つ目は心穏やかに生きていきたいのに、世の中はものすごく刺激が多く、とにかく日々の生活のなかでいろいろなことがしんどいという苦しさでした。その場合の「死にたい」を『雑多な社会で生きなければならない。けど、そんな社会で生きていくのは耐えられそうにないから消えてしまいたい』と表現しました。音や光、人からの感情や発信など、いろいろ

な刺激に対して敏感で、日々ストレスを感じ、とても疲れてしまうような人たちのつらさです。明確な理由がないのに、学校に行けない、仕事に行けないなどを経験した若者たちがいました。その苦しみを周囲から理解されず、自分自身も「自分の我慢が足りない」と自分を責めていました。

そして、4つ目が幼少期の暴力や抑圧経験によるダメージの影響を受けて、苦しみ続ける姿でした。その場合の「死にたい」は『〇〇の求める理想の子にならなくては・〇〇しろ。けど、解放されるイメージも元気もないから死にたい（殺されたい）』と表現しています。病み垢の多くは幼少期に信頼すべき身近な大人からの暴力被害についてつぶやいています。とくに性被害は深刻で、匿名で同じ悩みをもつ者同士がつながれる病み垢では、ありのままが語られることも多く、実態は潜在化していることを痛感しました。

これらの「死にたい」に共通しているのが「理想と現実のギャップ」です。4つのタイプのいずれも「〇〇したい。けれど、現実には違う」という苦しみなのです。また、多くの人が単純に1つのタイプではなく、複合的なギャップを抱えていることがわかりました。そしてもう一つ共通しているのは、「理想が高すぎる」「努力不足や能力不足に絶望する」などと個人の願望や努力の問題として強く自己否定をしていることでした。それは病み垢だけではなく、一緒に活動している若者たちも同じでした。「自分が悪い」と自責したり、「どうせ、自分なんて」と自棄になっていたりすることがデフォルトでした。

強い自己否定や後ろめたさに苛まれ、その結果、苦しい現実から逃れるためにそれぞれの限られた状況のなかで何とかしようと、アディクションなどのサバイバルスキルで何とか生き延びる人たちもたくさんいます。サバイバルスキルはときに社会不適応の評価を受けます。批判されたり、自業自得だと責められたり、自己責任論で片づけられてしまうこともあります。まさに負のスパイラルです。社会の理解や支援の不足が生み出す苦しさを個人が引き受け、苦しさを何とかする自助努力がさらに個人にダメージを負わせるのです。私たちは「死にトリ」を通じてその負のスパイラルに歯止めをかけるべく、社会の課題を明らかにし、正しい理解と支援が広がるために何ができるかを模索しています。

そのために私たちが大切にしているコンテンツが「経験談」です。死にたいほどつらい気持ちをありのままに綴った原稿を募集し、掲載しているものです。1年間で1000本ほどの投稿があります（2024年現在）。年代や内容や分量は実にさまざまですが、いずれも過酷な権利侵害や排除された経験が、自己否定や自責の念や反省の言葉とともに書かれています。一つひとつが重くリアリティが詰まっているものばかりです。寄せられた経験談にはすべてスタッフが感想を書いて、返信しています。経験談の感想を作成する時間は私たちにとって、現状を身体感覚として受け取り、自分の言葉で表現する貴重な機会になっています。

ネットの居場所というサイトを通じて、誰もがゆるやかに社会とつながり、社会の一員としてささやかな社会参加ができる機会の創造に挑戦しています。これは完成形ではなく、ほんの入り口だと思っています。

## 第7章

# 社会参加の応援レシピ作りの「課題研究」

福祉開発マネジャーをめざす方におすすめのレシピ作りの「課題研究」の見本を執筆していただきました。1節は、スープなまち・ハイブリッドな人材づくり、2節は、里山整備が生み出す自然な味つけ、をそれぞれテーマにした課題研究です。前者は、3つの独立するプロジェクトのつながりが感じられるレシピです。後者は、各段階を追って自然な味つけが深まる展開が文字どおり味わえます。

## 1節 スープなまち・ハイブリッドな人材づくりのレシピ〈豊田市〉

株式会社SMIRING（ソーシャルクリエイト部）　●山口達也

### 1. ケアスナック「かなかな」プロジェクト

**レシピ**

**材料（分量）**
- ☑地域課題に気づく専門職 ➡ 2名
- ☑素直じゃない独居高齢男性 ➡ 数名
- ☑「すぐそばの実現」好きなシェフ ➡ ソーシャルクリエイト部のメンバー
- ☑世話好きなママさん役 ➡ 看護師等2名
- ☑オードブルで盛り上げる店長 ➡ 就労継続支援B型のスタッフ1名

**料理上のコツ**

つながりを求めつつも、素直になれない男性高齢者のプライドを「スナックのママ」というスパイスで溶かしていくことで、コミュニティへの参加動機が盛りあがります。

スナック、ママ、お酒という制度から一歩外れた材料の組み合わせを、ていねいに鍋に入れ、具材が温まるまで月1回、じっくりコトコト煮込んでいくことで、高齢男性が次第に柔らかくなり、コミュニティによい味が出てきます。

**解説**

　豊田市の松平、下山という地域は、いわゆる中山間地であり、独居高齢者の世帯数も増加しています。

　女性は高齢になっても、地域のサロンや交流館などでのコミュニティに参加し、つながりを維持することが比較的容易ですが、男性は特有のプライドや頑固さが邪魔をし、そのようなコミュニティから距離をおく場合が少なくありません。そうしてコミュニティから疎遠になっていくと、人間関係が徐々に閉じていき、ひきこもりがちになり、それが介護度の悪化に影響してきます。

　そのようななか、地域包括支援センターの専門職が高齢男性から「ママさんが話相手になってくれて、高齢者でも安心してお酒が飲めるスナックとかがあったら行くんだけどなぁ」という声をよく聞いていました。遊び心があり、世話好きな専門職のなかには、「それなら私、ママをやってもいいよ！」という方が数名いました。

　「地域の困りごとを拾ってくる」ことを使命としている株式会社 SMIRING のソーシャルクリエイト部は、これをさっそくイベント企画し、食堂として運営していた就労継続支援B型事業所（スマイリングキッチン LABO）を会場として月に1回オープンするシニア向け「ケアスナック」をスタートしました（ケアスナック「かなかな」は、初代の2人のママの名前から取ったもの）。体調を最優先してお酒を楽しんでもらいたいので、ママは看護師や介護福祉士など医療・介護系の専門職のみが務め、乾杯の前には全員がママの指示で血圧を測ります。ママが「もうストップ」と言ったらそれ以上は飲まないのがルール。

　要支援や要介護認定を受けている高齢者については、ご家族とも話をし、お酒の量や留意事項を共有したうえで参加してもらっています。おつまみなどのオードブルは、昼間、食堂として営業している事業所なので、それらの食材をリメイクして、低廉な料金で運営することができます。

　当初、2人だったママは、この取組みが SNS や口コミで伝わるにつれ、希望者が増え、ときにはお客さんとママが同じ数になるほどです。

　昨今、孤独・孤立対策推進法が成立するなど、とくに高齢者の孤独・孤立という課題が多くなっていますが、これに対してこのスナックは「社会的処方」（地域でのつながりを処方してウェルビーイングを向上させる）の手法の一つとしてもアプローチしたいと考えています。スマイリングキッチン LABO は、「社会的処方研究所あいち」としての顔ももっています。2025年4月以降は、スープタウンの2階へ移転し、スナック「かなかな」も継続予定です。

## 2. 煮詰まらないスープな会議の運営

**材料（分量）**
- ☑ スープの温度管理をする司会者 ➡ コミュニティデザイナー1名
- ☑ ワクワクするデザインと言葉 ➡ 適量
- ☑ 地域からの参加者 ➡ ジャンル問わずたくさん
- ☑ 「糸編人生」の地域リーダー ➡ 1名

**料理上のコツ**

グツグツ、コトコト、どんなスープが出来上がるか？そのゴールに辿り着くことよりも、そのプロセスを楽しむことが重要です。
洋風のつもりで煮込み始めたスープが、途中で和風になっても中華風になっても、それはそれで良しとしましょう。たくさんの具材（地域のメンバー）とともに、スープな時間を重ねていくことこそが目的です。温度や濃度、味つけの調整は、コミュニティデザイナーにおまかせし、鍋奉行は地域のリーダーにまかせましょう。必要に応じて新しい具材やダシを追加してくれます。一人ひとりの参加者はそれぞれの材料の持ち味をワクワク発揮していくことに注力すれば、このスープ会議自体が素敵なコミュニティとなっていきます。

**解説**

「スープ会議」は、株式会社 SMIRING が主導する「スープタウン構想」の取組みの一つです。スープタウン構想（スープのさめない距離で暮らそう）は、多世代が支え合って暮らす小さなまちというコンセプトで、「スープのさめないくらいの、人と人の距離感がちょうどいいまち」、あたたかくていい匂いがするまちをめざすプロジェクトです。

「スープ会議」は、2021年から地域の多様なメンバーを集めて月に1回開催しているまちづくり会議です。2025年に株式会社 SMIRING が建設予定の複合福祉施設「スープタウン」のあり方や使い方をはじめ、松平や下山地区というまちがどうなったらいいかという観点で、自由に発想するところからスタートしました（これまでの開催回数は40回以上、参加者数は延べ800名を超える）。

スープ会議には、介護・福祉系のスタッフに限らず、地域で活躍するリーダー、農家、ママさん、高校生、住職、商工会、消防団、行政職員など多様な人が参加しており、地域での困りごとや地域がこうなったらいい！という未来図を描いています。なかでも三河の紡績業「ガラ紡」に関心をもち移住してきた野々山大輔さんは、「糸編人生」を名乗って、スープ会議の「編」集や「絆」づくりにいそしんでおり、スープ会議の皆勤賞を獲得しています。

このスープ会議開催の発信は、親しみやすいデザインやビジュアル、グラフィックレコー

ディングなどを活用してワクワク感を前面に出し、誰でも気軽にまちづくりに関われるように意図しています。

開始から4年が経過するスープ会議が「煮詰まらない」理由としては、「ゴール」「答え」「正解」をあえて決めていないこと、3つの分科会形式や5つの部活動形式など、そのスタイルを常に変化させていっていることがあげられるかもしれません。また、メンバーは野々山さんのような常連メンバーだけでなく、一定割合の流動的メンバーも参加し、それがそのつどよいスパイスとして機能しています。

社会的処方においては、人と地域活動などの社会資源をつなげる「リンクワーカー」という役割がありますが、スープ会議はこの「スープな場」そのものがリンクワーカーとしての機能をもっています。「あそこに参加すれば誰かとつながれる」「地域活動のヒントが得られる」「活動の仲間と出会える」という効果です。

株式会社SMIRING側としては、このスープ会議を継続することで、まちづくりだけでなく、企業のブランディングやファンづくり、そしてスープな人材の確保という点において成果がいっぱいです。

## 3. トヨタに負けないハイブリッドワーク

**レシピ**

**材料（分量）**
- ☑ ハイブリッドワークの給与体系 ➡ 一式
- ☑ 業務をまたぐスタッフ ➡ たっぷり
- ☑ スープなまちづくりのデザイン ➡ ひと振り
- ☑ スタッフの子どもを世話する利用者 ➡ 少々

**料理上のコツ**
トヨタの自動車に負けないハイブリッドな人材を育成して、中山間地域の多様な介護ニーズに対応しています。介護人材を一つの役割として活かすのではなく、多様な味を出す多機能な人材として捉えます。限られた人材のなかで、ハイブリッドなスープの味覚が生まれ、多機能なスープタウンの実現を可能にします。

**解説**　株式会社SMIRINGでは2024年度から「ハイブリッドワーク」という働き方をスタートさせました。介護福祉業界の人材不足の問題は、とくに中山間地では大きな障壁となります。介護保険や障害福祉サービスなど制度事業を運営していくうえでは、それぞれの事業ごとの人員基準があり、縦割りであるがゆえの非効率さが生じてしまいます。ハイブリッドワークは、それぞれの人員基準をクリアしながらも事業種別を越えて兼務することにより、スタッフ一人あたりの活躍の場を最大限まで拡張することができます（時間外勤務を前提とするわけではありません）。

ハイブリッドワークの展開には、二種類の軸があります。1つ目は縦軸、つまり同じ分野

における複数の事業所で仕事を遂行していくというパターンです。たとえばAというデイサービスとBというデイサービスの両方の仕事、Cという就労継続支援の事業所とDという就労継続支援の事業所の両方の仕事をこなすことができるというパターンです。

高齢者介護、障害者福祉という分野の専門性は同様ですが、事業所ごとの特徴をカバーする必要があります。この特徴差を最小限にするため、基本的なオペレーションや仕事の仕組みを極力統一化、マニュアル化が徹底されるという副次的な効果もありました。

2つ目の軸は横軸、高齢や障害などの分野をまたいで勤務するというパターンです。高齢者の特性や障害者の特性でカテゴライズするという視点よりも、利用者一人ひとりに対して、その方のできないことや苦手なことを見極め、黒子のようにそっと手を添えるという会社のケア理念が大切になります。

また、高齢者、障害者、子どもの各分野の事業を複合的に運営していくなかで、想定していなかった効果も生まれました。0～2歳の子をもつママさんがなかなか働けないという声を聞き、デイサービスの一角に子ども用のスペースを設置し、「泣いたらおんぶする」というルールだけを決めて働いてもらうことにしました。この取組みが口コミで広がり、次第に子連れで働きたいというママが増えていきました。デイサービスを利用する高齢者のなかには子どもが好きな方が多くいます。子どもと関わっている高齢者は自然と笑顔があふれ、穏やかな時間が流れていきます。ママであるスタッフからすると、子どもを見てくれているし、介護スタッフからすると、ケアやサポートとして関わらずとも、高齢者が豊かな時間を過ごすことができていました。このように「誰も損をしていない」状況や環境を作ることがまさにSMIRINGがめざすところだといえます。

ハイブリッドワークは、言い方を替えれば、スペシャリストではなくジェネラリストを育成するということになります。都市部ではそれぞれの専門職が、狭く、深く、というケアを提供するのに対し、ハイブリッドワークでは、一旦、広く、浅く、からスタートします。しかしながら、サポートを受ける側の人からすると、制度によってスタッフが変わるよりも同じスタッフが事業種別を超えて関わることができるので、信頼と安心を感じていただけるものと思っています。

中山間地という特性を考えながら、できるだけ多くの方をサポートするためにはどうしたらいいか？労働力人口が減少していくこれからの社会を見据え、制度の枠にとらわれずに考えたすえに行き着いた新しい働き方です。

# 2節 里山整備が生み出す自然な味つけレシピ〈安曇野市〉

北アルプス医療センターあづみ病院居宅介護支援事業 ●丸山健太

## 1. よそ者・若者の自治会活動への軟着陸（2014年）

**レシピ**

**材料（分量）**
- ☑あく強めの家長たち ➡ 数人
- ☑沸点の低いよそ者・若者 ➡ 1人
- ☑自分自身を省みる思考 ➡ 少々

**料理上のコツ**
地域には地域ごとの文化があり、よそ者・若者から見ると違和感を覚えることはたくさんあります。自治会活動の役員として活動するともなれば、違和感だけでは留まらず、「なんで変わらないんだ！」と苛立ち、余計ミスマッチな味になるでしょう。
おいしくするには、一人ひとりのもつスパイスのよさを見つけ出し、いい感じでブレンドしていったほうが落ち着いた味になっていきます。自分自身も含めそれぞれの素材の特徴を理解し、どう混ぜ合わせていくのか、焦がしたり、吹きこぼしたりしながらも、根気強く下ごしらえをすることがワクワクする地域への出発点になります。

**解説**

2012年4月に第一子が生まれるのをきっかけに私は妻の実家のある安曇野市明科の清水地区で生活を始めました。標高933mの長峰山中腹に位置する集落で、現在8世帯21人が暮らしており、55歳以上の人口が集落人口の50％を超える準限界集落です。

2014年3月に区長を決める場面に私はいました。清水地区を含めた4つの地区からなる大足区に属しており、清水地区は高齢化で役員をすでに複数回やっている人がほとんどで、新入りの私を役員候補として選出することになりました。

その場には現役員4人、新役員候補4人が出席していました。机の上に総菜と酒が並ぶ公民館の一室。70代後半の新役員候補の1人が私に向かって「おれはこういう状態だから区長なんてできないよな、兄さん」と診断書を見せました。新役員候補の残りの2人はうつむいたまま目を合わせようとせず沈黙が続きました。

現役員の1人が「真田丸（当時の大河ドラマ）見に帰りたいんだから、さっさと決めろや」と言うので、当時30歳そこそこの私は頭に血が上り「じゃあ、おれやるよ！」と言ってしまい、その場は余計沈黙に。区長が、診断書おじさんと頭に血がのぼっている私以外の2人に「お

前ら恥ずかしくないのか」と一喝。結果、1人が渋々区長を引き受けることとなりました。

　私は副区長となり、区の会計を担当することになりました。活動を開始してみれば、規約や記録はなく、年度末に行われる区総会ではご意見番の言ったことがルールといった状況でした。私は会計だったので、区長やそれ以外の役員と個別に打ち合わせをする機会が多く、いろんな側面が見えてきました。区長はカメラが趣味でいろんなところに出かけて風景から虫、植物まで幅広く撮影し、それをパソコンで管理をしているので、自治会の案内や、補助金の申請にもとても長けていました。診断書おじさんは猟師を長くやっていて、自宅内に秘密基地をもっていて、地域の小学生のたまり場になっていました。

　そんなことを知っていくうちに、自分は福祉の仕事をしているにもかかわらず、住民のことを知ろうともしていない、地域のことは地域住民が考えればいいと、どこか線引きをしていることに気がつきました。そういった自分自身の変化からか、地域の方が私を頼ってくれたり、冗談を言い合うような関係性になっていきました。せっかくならもっとワクワクしながら地域活動を通して人々がつながれたらと考えるようになりました。

## 2. ワクワクする里山整備活動への地域の巻き込み（2018年）

**レシピ**

**材料（分量）**
- ☑ 同世代の地域の将来について考える雰囲気 ➡ 密閉した状態で加熱
- ☑ アイデアの1つに一緒に取り組んでくれる団体 ➡ 1つ
- ☑ 移住してきた若者ともとの住民とのズレ ➡ 適量
- ☑ 個別訪問で住民一人ひとりと話をする時間 ➡ やや多め
- ☑ 里山整備以外の関わり方 ➡ できるだけたくさん

**料理上のコツ**
やりたい活動を進めていくには、一緒に取り組んでくれる外部の協力者と圧力鍋で通常より高い温度で、時間短縮し、余熱も無駄なく使うと効率的。ただワクワクする地域活動へ住民を巻き込むには、きちんとその素材同士の温度差を見極め、素材に適した温度や、時間をできるだけ多めに作ることで、密閉された空間のなかだけでは生まれてこない素材の旨味がより引き出されます。

**解説**

2018年4月に、同時期に移住してきた30〜40代の2世帯とお茶会を開いたときに、「10年後、20年後の清水地区のために今からできることはないか」という話題になり、いくつかのアイデアのなかから、地区の中心にある光久寺薬師堂周辺の荒れている山を整備してみようということになりました。

お茶会をしたメンバーの一人が長峰山を拠点に整備活動をしている特定非営利活動法人森倶楽部21とつながりがあり、清水での里山整備について相談していくことになりました。

当時の森倶楽部21代表の永田千惠子さんと、2018年8月に顔合わせをし「長峰山山頂に向かう途中、薬師堂の前を通るたびに竹が迫ってきて悲しい気持ちでいた」と、その年の11月〜3月、月1回整備活動に協力していただくことになりました。

整備活動は順調に進み、竹が少しずつなくなり、薬師堂が顔を出してくるという達成感がありました。整備活動3回目の1月の作業日を決めるとき、森倶楽部21の提案が清水地区の新年会の日と重なっていました。住民と相談したところ「人数が確保されているなら、その日程でやってもらったら」という声がありました。それはいくら何でも協力してくれる森倶楽部に対して失礼だということと、同時に若手中心のごく一部でやっている活動という感じが強すぎたのかもしれないという反省から、前もって一戸、一戸に声をかけ、人数がある程度揃うところで日程調整をするやり方に切り替えました。

ビラ配りをするなかで80代の一人暮らしのおばあちゃんが「歳だから作業は無理だからね。まあお茶でも飲んでいきましょ」と言われ、連れて行った私の3歳の子どもがおばあちゃんの出してくれた漬物をお替りして食べていました。「この漬物を作業のときに差し入れしてくれませんか？」とおばあちゃんに伝えると「一人で漬けても減らなくて困っていたの

写真7-2-1　里山整備後の食事の時間
左のタオルをかぶっているのが、大好評の漬物をもってきてくれるおばあちゃん

よ。いくらでも出しにいくよ」と言ってくれ、作業のときにはこのおばあちゃんが漬物を差し入れしてくるようになり、この漬物を楽しみに作業に来てくれる協力者も出てきました。

　また、家と畑があるかつての住民たちが生まれ育ったところだからと協力してくれるようになり、作業の後に釣ってきた魚や、ビールを差し入れてくれたり、いつの間にか住民と外部からの協力者が作業後に食事をしながら交流するようになり、里山整備だけではない参加の場になっていきました。

## 3. 下心OKのヨガ教室（2021年）

**材料（分量）**
- ☑地域の使われなくなったお堂 ➡ 1つ
- ☑おじさんの下心に理解を示すヨガ講師 ➡ 1人
- ☑おじさんの下心に火をつける9人制女子バレー部 ➡ 9人
- ☑おじさんたちがスマートに動ける実効性のある計画 ➡ 1つ
- ☑おじさんたちが継続してお堂を守るための口実 ➡ 厳選し小出しにする

**料理上のコツ**

僻地、中山間地には人の手が入らなくなった文化財が埋もれています。文化財は地域住民が守るべきものという、硬い捉え方から、住民のワクワクが集まる場所という捉え方に言い換えてみることで、大事な鍋をもう一度磨きなおしてみようという力に変わったりします。錆びた鍋では素材を殺してしまいますが、鍋が磨かれることで、そこに集まる素材が絶妙に絡み合い、これまで味わったことのないおいしさに出合うことができます。

**解説**
　2021年3月の定期作業の日、当時安曇野市耕地林務課の田原さん（30代女性）が「この住民の雰囲気、環境でお堂ヨガなんてやったら若い女子が来ますよ」と言ったことを、これはおじさんたちの起爆剤になると確信し伝えたところ、二つ返事で「やろう！」と返ってきました。

　探してみたところ、松本市でヨガ教室をやっている生まれも育ちも清水地区の清水秀敏さんがいることがわかり、一緒におじさんたちのやる気に火をつけていくことに快諾をいただ

写真7-2-2　薬師堂ヨガ
女子バレー部とのデモンストレーション

写真7-2-3　ヨガ後の夏フェス

きました。ただ、薬師堂のなかは長年掃除がされておらず、素足ではとても入れない状況でした。ここを掃除するには実効性のある計画が必要と考え、私が職場で監督をつとめる9人制女子バレー部に声をかけ、2か月後に薬師堂でヨガ教室のデモンストレーションを行うことをおじさんたちに提案しました。

これまで天井から煤が落ちてきて、小動物が入り込み素足で入れなかった薬師堂をたった2回の掃除でおじさんたちはピカピカにしました。

2021年5月に女子バレー部とのデモンストレーションを行い、その後6、8、10月と3度ヨガ教室を開催し、50人の参加者がやってきました。参加者は、清水秀敏さんのヨガ教室の受講生から、医療機関のスタッフ、地域おこし協力隊、新聞記者、地域のママたち、大学生などの実に多様な面々でした。

参加者の一人に、当時信州大学医学部5年生の海老原弥南さんがいました。清水の雰囲気をとても気に入ってくれて何度も参加していたので、話をするうちにバンド活動をしていることを知り、清水の歌を作ってほしいと依頼をしたところ、「故郷（しみず）」という清水のイメージソングを作ってくれました。

そのお披露目も兼ねて、8月のヨガ教室後に夏フェスを開催し薬師堂がステージとなりました。おじさんたちは会場設営から、食事の準備まで余念がありません。

海老原さんは地域医療を担う医師になるという夢があり、歌ってくれた歌の中には予防医学の観点の歌詞もあり、おじさんたちは真剣に聴いて、その後、血液検査の数値が改善したとか。海老原さんが清水に来るたびに、将来かかりつけ医になってほしいと本気でアプローチをしていました。

# 4. ぴかぴかに磨いた薬師堂で関係・流入人口を増やす（2022年〜）

**レシピ**

**材料（分量）**
- ☑ 里山整備協議会プレゼンツ ➡ 村の結婚式　1回
- ☑ 処分に困っていた竹を門松に利用 ➡ 年に1回
- ☑ 小学校の課外授業への協力 ➡ 1回〜2回
- ☑ 薬師堂ヨガ・里山整備がパッケージされた旅行プラン
  ➡ 程よく、できるだけ

**料理上のコツ**
素材の特徴を理解し、どんな組み合わせがよりおいしく料理ができるのかがわかってくると、カレー、シチュー、肉じゃがにするのかなどの応用が効くようになってきます。料理の評判を聞いて「ぜひ食べたい！」とオーダーが入ったら背伸びをする必要はなく、自分たちがこれまで混ぜ合わせてきたわが家の味をそのまま楽しんでもらいましょう。そうすることによってさらに深みが増し、食べてくれた人と新たなレシピを一緒に作れるようになっていきます。

**解説**
　2022年4月、清水地区に新たな住民が増えようとしていました。そんなときに湧きあがってきたアイデアは、歓迎も兼ねて手作りの結婚式をしようというものでした。薬師堂周辺に生えている山菜や野草で天ぷら、炒め物など結婚式の料理を作る人、薬師堂を結婚式会場にデコレーションする人、結婚式のシナリオを書く人、人前結婚式の承認をする役を是が非でもやりたい人、その機会を通して楽しく飲みたい人などなど、子どもからお年寄りまで自然発生的に役割が生まれていきました。

　結婚式は人前結婚式のスタイルで行い、2人が誓いの言葉を住民に伝えてくれたあと、地域住民代表として、おじさん2名が自称「酒飲みエロ親父」として宣誓書にサインをしてくれました。いつの間にかおじさんたちが、平気でいじられ、自己開示できる場となっていました。そういった地域全体の雰囲気が次なる活動につながっていきます。

　地元の新聞（市民タイムス）にこういった活動を取り上げてもらえるようになると、安曇野市内の造園業の方から清水の竹を門松に使用したいと声がかかりました。門松作りは年末の期間限定の仕事であり、これまでは竹を買っていたそうですが、竹屋さんが高齢になり廃業し、大量の竹を仕入れられる場所を探していたとのことでした。

　一人暮らしのおばあちゃんの手が入らなくなった竹林を中心に庭師さんたちと一緒に竹を伐採し、おばあちゃんの家周辺の環境を守ること、伐採して燃やして処分していただけの竹が門松の材料としてお金になったことから、三方よしのつながりができました。

　また、地元の明北小学校から、キノコの授業をするのに、地域の里山の原木を使いたいという依頼がきました。コロナの影響で課外事業が削られてきているなかで、20年以上続い

写真7-2-4　結婚式使用にデコレーションされた薬師堂

写真7-2-5　結婚式の集合写真

ているキノコの授業を、明科で育つ子どもたちに残したいという先生の思いに、清水のおじさんたちも共感し、何十年も手の入っていなかったコナラ林に手が入るようになり、小学校とのつながりができました。

　そんな情報から、今度は松本市の松本付属小学校の3年生が運動会で実施する竹取りという競技で使用する竹を子どもたちが取って、加工したいという依頼がきました。当日のガイドは小学校6年生の私の娘が担いました。清水地区までマイクロバスが通れないので、ふもとにバスを停めて1キロ近く山を登ります。ふだん動物の声しかしない坂は子どもたちの元気な声でいっぱいでした。子どもたちは班ごとに分かれて、薬師堂前で2m70cmの長さを測り、おじさんの協力のもと一緒に竹を切っていきました。20本ほど作って目的を達成したところで、「お土産がほしい」「ぼくも、わたしも」と、おじさんたちに竹を切ってもらい、竹の破片をリュックいっぱいに詰め込んで、山を下っていきました。後日、お礼の手紙が届き、私の娘もおじさんたちも自分たちの住んでいるこの清水という環境が誇らしく思えました。

写真7-2-6　清水の竹が門松に完成品を庭師さんと確認

写真7-2-7　竹取りの竹を測って切る子どもたち

　2024年6月に安曇野里山ツアーズ、NPO法人JUONNET WORKが主催している「森林の学校2024（初夏）癒しスペシャル」という長峰山周辺の自然にふれる1泊2日の旅行ツアーの2日目を、清水でお堂ヨガをした後に、里山整備のお手伝いをするというプランの依頼がきました。参加者はどんな物好きな人なんだろうと懇親会に興味津々で向かうと、高校生、大学生、幼児の子連れママなど幅広い年齢層で、半分は県外からの参加者でリピーターも多いとのことでした。参加動機を伺うと、「普通の旅行に行っても地域のコアな部分はわからない」「旅行先で人とのつながりを感じたい」ということでした。こんなに清水とフィットするネットワーク、旅行プランがあるのかと衝撃を受けました。

　当日は13名のツアー参加者が清水にやってきて、お堂ヨガを体験した後、住民と協力者とのいつもの里山整備に参加していただき、その後、おじさんたちはしっかりとたけのこ汁を準備しふるまって、清水のいいところを余すことなくお腹いっぱい満喫してもらいました。

写真7-2-8　ツアー参加者とタケノコ汁を囲む

## 5.「レシピ作り」を通しての活動の振り返り

　今回、平野先生からレシピを書いてみないかと言われたときには正直何をするのかよくわかりませんでしたが、4つの局面をレシピにしてみると、そのときどきでの自分自身の立ち位置や感情、よそ者・若者であった自分が地域住民に変化し、溶け込んでいくプロセス、そして自分自身の物事を捉える幅が広がっていく、成長を感じました。自分自身はこんなにも物語をもった人々に囲まれ、支えられ、ケアされているのだと、書きながら目頭が熱くなりました。

　この小さな集落にこれだけのことが起こり、人々が関わってくれている背景には、里山や薬師堂等の文化財そのものに魅力があるということに加えて、これだけの人々の物語が重なり合っていくことに魅力があるのではと感じました。そうすると私の役割は意図的に何かと何かをつなぎ合わせ、新しい出来事を作るということではなく、清水で育まれる一人ひとりの物語に共感し、応援してくれる誰かと、それをちょっとずつ分かち合いながら、そっと言葉にすることなのではないかと感じました。

　今回のレシピ作りでは、自分自身の手の届く範疇ではないところへ広がりを見みせているということ、地域づくりとは、自分が何かを操作して思いどおりの方向に導くのではなく、「あんまり意図していなかったけどこんなに面白いことになったね」という分かち合いができることが地域づくりにおいて、大事な姿勢なんだろうと思いました。平野先生が言ってくださった「すごく自然」という言葉をこれからも大切にしてきたいと思いました。

写真7-2-9　薬師堂前で平野先生と課題研究に取り組む

# 終章

# 社会参加の応援プロジェクトの開発と普及のためのレシピ作り

## 1節　福祉開発マネジャーたちの応援プロジェクトからの学び

### ❶ 福祉開発マネジャーが開発したプロジェクトとは

●多様なプロジェクト概念の整理

　第Ⅰ部で紹介したプロジェクトは多様です。大きく分類すると、次の3つのタイプに分かれます。その分類は、あくまでプロジェクトの用法に関するもので、マネジャーをタイプ化するためのものではありません。

　1つ目のタイプのプロジェクトは、**とよた多世代参加支援プロジェクト**（第4章）や、**AU-formalプロジェクト**（第3章）に代表されるように、生み出しているプロジェクトの総称を表現しているとともに、プロジェクトの開発主体あるいは開発を担うプラットフォームをも意味しています。その点では、チームという名称を用いていますが、**Team Norishiro**（第2章）も類似しています。

　2つは、**冬月荘プロジェクト**（第1章）や**薪割りプロジェクト**（第2章）のように、一連のプロジェクト開発（A）において画期をなした文字どおりのプロジェクトにあたります。福祉開発の展開における画期をなすという点で、「制度福祉の制約」（D）を越える明確な要素、つまりその後の福祉開発プロジェクトに波及する要素を備えていたといえます。たとえば、冬月荘では居住・居場所・仕事が一体的に利用可能な形で提供され、薪割りプロジェクトでは、本人の困りごとと地域の困りごとを結びつけるプロジェクトとなり、「働きもん」が地域の困りごとを解決する役割を担う構造が成立しています。また、久留米市のデザイン事業を担った**AU-CASEプロジェクト**（第3章）は本人を対象化しない、願いを「叶え合う」プロジェクトとして主体を位置づけ、その達成を通して生きづらさの課題にも主体的に向き合う提起を行った点で画期をなすといえます。それは、AU-formalプロジェクトに継承されます。本人を対象化しないで、プロジェクトの開発主体の位置に置いた**FFP**（フレームフリープロジェクト）も同様です（第6章に詳述）。

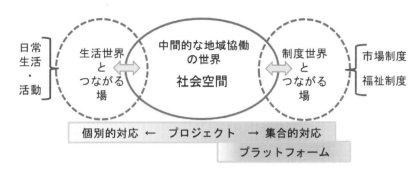

図終-1　プロジェクトによる社会空間づくり

　3つは、K君の叶え合う（成人式に行きたい）プロジェクト（P.69）や市民後見人が活躍する「スナック真知子」プロジェクト（P.96）で、集合的な対応としてのプロジェクトには該当しない、個別的対応のプロジェクトです。個別の願いを受け止め、その実現をめざす取組みという点で、確かに個別プランのような特性をもちますが、プロジェクトに位置づける理由としては、そのプロセスに用いられた試行的な応援（団）の組織化には、その後に影響を与える実践知が含まれ、蓄積されているという作用が見出されている点に着目したからです。

　これら多様なプロジェクトを第2章でふれた**中間的な社会空間**との関係で整理すると、図終-1のように配置することができます。とよた多世代参加支援プロジェクトに代表されるタイプ1のプロジェクトが集合的対応に位置づくとともに、制度世界とつながるプラットフォームの機能を有しています。そのプラットフォームの場には、制度福祉を運営する行政や法人、さらには民間企業も参加しています。

　薪割りプロジェクトに象徴されるタイプ2では、社会空間を生み出す代表的なプロジェクトに該当します。**生活世界**と**制度世界**の中間社会参加の場を生み出すとともに、その場の運営の応援団として、地域の参加を確保しています。その成果を踏まえると、「**中間的な地域協働の世界**」と表現することができます。そして、その後のプロジェクトの展開の画期をなすという意味で、「**波及の芽**」を含んだプロジェクトということができます。

　3つ目の個別的なプロジェクト（タイプ3）は、生活世界に基点をおきつつ、応援者とつながる場を含んだプロジェクトということになります。「地域の応援」を主体的に求めるかどうかの分岐点にいる状況です。総称として表現する「社会参加の応援プロジェクト」は基本的な目的は共通しており、社会参加の応援プロジェクトに取り組む福祉開発マネジャーの思考様式には個別的か集合的かの選択があり、またその間に連続性もみられています。

## ❷ 個別的対応を視野に入れたマネジャーの思考様式

### ●生活世界とつながる場への関心

　図序-3に示した「福祉開発マネジメントの構造」（ABCD）を手がかりに、5つの地域の福祉開発の個別的な対応を視野に入れたストーリーからの学びを整理すると、3つのマネジ

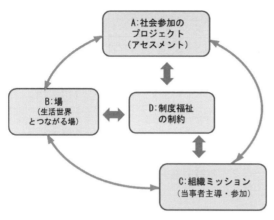

図終-2 個別的対応を視野に入れたプロジェクト開発の構造

メントのレベル（ABC）において、具体的な内容が見えてきます。

制度福祉の制約（D）に対応して、福祉開発は多様なプロジェクトの実験や実施によって、生きづらさを抱え、社会との関係や社会への参加が阻まれている人々の「社会参加の応援プロジェクト」（A）を組み立てるうえでの「**アセスメント**」に関するマネジメントが見出されました（図終-2）。とくに第3章の議論では、願いを「叶え合う」ための個別的対応プロジェクトをめざすアセスメント（アウスメントと表現）の開発が進められていました。

福祉開発は、プロジェクトに参加する人が発展（develop）する場の創出を担うことから、図終-2で補足した「**生活世界とつながる場**」（B）の創出に関心をおく必要があります。集合的な対応のプラットフォームの場の成果イメージとは異なり、社会や仲間との関係性が日常生活との連続性のなかで実現します。むしろ、本人主導による連続性がないと社会参加は継続しない点が強調されています。これらの開発を支える組織には、さまざまな理由から社会参加が妨げられている人の社会参加を推進するミッション（C）をもつとともに、とくにプロジェクトの開発では、そのプロセスに当事者の主導性と参加を重視することが求められます。それを踏まえて、図終-2の記載としては「**当事者主導・参加**」を反映しています。なぜなら、本人の望む「参加（の場）」を応援側の主導や思い込みで提供するのではなく、その応援プロジェクトが形となっていくプロセスへの当事者主導・参加を重視する必要があるからです。

● 日常活動とつながるアセスメント

プロジェクト開発のプロセスにあっても、通常のケアマネジメントがそうであるように、アセスメントが重要です。しかし、生きづらさを抱える人の社会参加の応援は、相談窓口にニーズをもってあらわれるクライエントのイメージ、さらには相談窓口で「アセスメント表」を用いてなされるアセスメントとは異なります。むしろ、地域の応援が必要な状況が認識されており、その模索としてプロジェクトの前段といえる活動のなかで、生きづらさを抱える人やその人に関心をもち応援しようとする人と出会うことで、アセスメントやそれを深めるための関係づくりが始まります。以下、第Ⅰ部からの学びを整理しておきます。

第1は、「願い」を叶えるプロジェクトの前段にある「余白」を作る活動では、当事者自らあるいは仲間による「貧根の自覚」にあたるアセスメントを主導する余裕ができることに

なります。中村さんが主張する「課題（に向き合う）より（向き合うための余白の実現の）可能性」のもとでアセスメントが進むといえます。つまり余白（余裕）を作り出す活動への参加のなかで、願いや希望がいい合える親密な関係があって、はじめてアセスメントが実現できるという合理性に根差した捉え方です。そもそもこの余白（余裕）によって当事者主導・参加が実現するのであり、そこから生活世界とつながる場に存在する「課題」に向き合うことができるという考え方につながります。

　第2に、「切り取らない」ためのアセスメントです。野々村さんは、たとえば、ひきこもりの人を「本人は誰よりも地域人」、またずっと家にいる状態を「充電期間」と表現しています。この捉え方はその人のアセスメントの目線を「課題より可能性」（中村さん）に拡げます。そして、自宅での充電期間、地域の活動への参加、企業での就労といった一連の時間を、階段を登るような段階的なものではなく、「すべてがつながった廊下」として捉えます。この廊下という表現のなかに、日常生活と連続した参加が実現することになります。階段によって生活の日常世界と参加の非日常世界とが区別されているのであれば、参加は継続しない可能性があります。つまり、プロジェクトを通して、本人がプロジェクト側の都合で切り取られないようにするために、本人のアセスメントを高いミッションの文脈のもとで実施することを求めています。

　第3は、権利擁護支援に求められる意思決定支援のなかでのアセスメントです。代弁的な活動を背景にもちつつ、判断能力の乏しい本人の意思や意向を把握するアセスメントとなります。第5章の「スナック真知子」プロジェクトのレシピは、市民後見人だからこそ、被後見人の意思を把握することができている点を強調しています。つまり、市民活動としての立場に立つことで、専門職のアセスメントとは異なる日常世界の願いの実現可能性が暗に提起されているともいえます。第1章のなかで、地域福祉コーディネーターの高橋さんが、この間の実践を振り返って、生活支援や日常活動で出会った人から「人権・権利擁護」を学び、仕事としてのコーディネーターから生活当事者に転換できるようになったと語っていました。生活当事者がもつ市民性への気づきが大きいということでしょう。ここでいう市民活動のミッションは、生活世界とつながる視点を強調するものといえます。

## ❸ 集合的な対応を視野に入れたマネジャーの思考様式

### ●マネジャーの振り返りと評価活動

　これまでの個別的な対応を視野に入れたプロジェクトではなく、集合的な対応を視野に入れるマネジャーの思考様式について扱います（図終-3）。福祉開発のミッション（C）を高めるためには、プロジェクトを振り返り（A）ながら、応援のメンバー間の相互作用のなかで、組織へのフィードバックと地域への還元を進めることが不可欠です（A→C）。第5章の事例では、権利擁護支援センターの自律的運営の根幹として、代弁活動があるとともに、自らの活動を「振り返る」ことが重視されています。とくに利用促進計画を改善するための

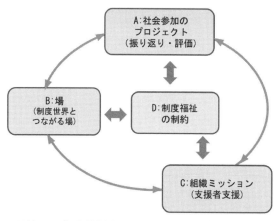

図終-3 集合的対応を視野に入れたプロジェクト開発の構造

「制度世界とつながる場」（B）をマネジメントするうえで、自己評価（A）は不可欠です。東近江市や久留米市の場合には、マネジャーの応援チームが形成されており、そのチームの仕事の1つがプロジェクトの自己評価です。今日的な動向としては、その自己評価が、休眠預金等の活用を背景とした成果報告書の作成のなかで進む傾向となっています。試行的・実験的・時限的な性格をもつプロジェクトへの助成に伴って取り組まれた実績評価は、新たにマネジャーの重要な業務となっています。

日置さんが執筆した第6章のレシピの1節の「見えない枠から自由になる活動－FFP」の材料のなかに、「理解あふれる助成団体　1つ」が位置づけられています。解説文には、「活動を信頼して任せ、自由裁量を認めたうえで、説明責任だけはしっかりと果たすことを求められたことは、若者たちが社会の一員として認められ、扱われることにつながった」とあります。助成財団が、資金面での応援団にとどまらず、若者の社会参加、研究活動という場への主体的参加、さらには評価活動への参加の応援団として、「説明責任」というプロジェクトメニューを提供したとみることができます。このメニューは、参加型の評価活動プロジェクトに該当しています。

●**制度世界とつながる場のマネジメント**

A↔Bの関係を可能としている基盤となる要素は、システムとして用意された場での「つぶやき」や困りごとを拾い上げることを意味するアセスメントです。「たまり場システム」（日置さん）では、「もやもや」「つぶやき」を聴くなかで、その関係を「聴き合い、話し合う」関係にまで高めるマネジメントが実施されています。

「課題持ち寄りの会議」（とよた多世代参加支援プロジェクト）では、地域の困りごととともに、企業の困りごとを受け止めつつ、同時にこれまで場に蓄積されてきた地域の他の困りごと（アセスメント情報）と結びつけるマネジメントによって、「すぐそばの実現」を可能としています。さらにこの場では、事業の継続や波及性をめざす改善のマネジメントも可能となります。民間アクターたち（民民協働）による自己評価の対応が高まることで、行政の所管課において民民協働への信頼性が深まり、事業実施計画への提起に関する合意形成に結びつく可能性をうかがわせます（A↔B）。豊田市においては、プラットフォームへの財政支援が要望されるなかで、「体制整備のコスト」の補正予算化が実現しています。

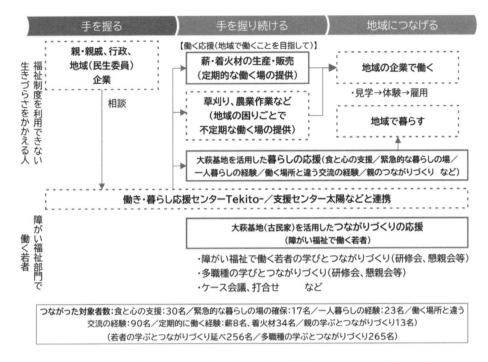

図終-4 「空き家を活用して命を守りつなぐ場づくり」事業の構造と成果

●**福祉開発の新たなミッション：支援者支援**

　東近江市の働きもんを中心とするプロジェクトには、図2-4にもある「東近江三方よし基金」が分配団体として参加した休眠預金の活用がみられます。その1つである「空き家を活用して命を守りつなぐ場づくり」事業では、「地域の多様な人々に対して障がい福祉について理解を深める機会を提供し、彼らを支援するための応援団を増やすことで、さまざまな困難を乗り越えるための地域全体の力を大いに高めることを目指」しています。図終-4に、その成果に至る構造とつなぐ場づくりの成果（つながった対象者数）を示しておきます。

　この場で展開された活動の1つが、第2章3節でふれた「マインド勉強会」（障がい福祉で働く若者の学びとつながりづくり）であり、支援者間のつながりづくりのなかで学びを深め働き続けることの応援プロジェクトに相当しています。ここで注目しておきたいのは、第2章でふれた応援団を増やすプロジェクトは、同時進行するなかで「支援者支援」というミッションを形成していることです（A ↔ Cの関係）。野々村さんの場合、社会福祉法人の外側に動きやすい組織を作りながらの福祉開発の手法を展開してきたタイプです。それゆえ、母体の社会福祉法人の理事を担う立場からも、同法人組織へのフィードバックを意識しています。ただし、ここでも自身が所属する社会福祉法人へのフィードバックだけであれば、自分の法人のみを切り取ることになるとして、障害福祉で働く若者（他の社会福祉法人等を応援すること）に拡充している経緯があります。

## ❹ 応援団の組織化の新たなプロジェクト：FFPとAU-formalプロジェクト

　タイプ２に属するプロジェクトのなかで、社会参加の応援プロジェクトの新たな段階として注目しておきたいのが、FFP（フレームフリープロジェクト）と叶え合う参加支援プロジェクトで提起された「アウスメント」です。FFPは、社会参加の応援プロジェクトにあっていわゆる働く場のような参加の場ではなく、若者当事者が主体となって運営する「研究活動」という参加の場を開発した点に特徴があります。福祉開発としての新たなタイプのプロジェクトの可能性を見出すことができます。しかも、その研究活動が、図1-6にあるように、「日常活動」と結びつくことで、非日常的プロジェクトの開発が予防できることも示唆的です。このプロセスを本人サイドから捉えると、応援（団）のなかに本人が含まれることから、本人にとっては生きづらさ等の状況を、応援（団）サイドから捉えることが可能となります。つまり、生きづらさが研究活動によって**「外在化」**され、その場に立つことで、課題に向き合うことが可能となります。

　久留米市でのAU-formalプロジェクトにおいて提起された「アウスメント」は、一人の願いにもかかわらずプロジェクト仕立てで、チームを作るためのロードプランを立てようとするものです。本人とプロジェクトの応援者との組み合わせ全体を「アウ（AU）スメント」として扱い、それをロードプランの３つの段階として整理しています（図3-9）。ここではそれを要約し、「叶え合う（AU）」の構造を応援者と本人との関係として捉え、３つの段階でどのように組織化されているかを、図終-5に示しておきます。アウスメントという方法は、それぞれの段階において、本人の「願い」を叶え合う相互関係が応援者と本人との間で可能となるマネジメントを含んだ概念といえます。

| アウスメントの3段階 | 「叶え合う」の構造 | | |
| --- | --- | --- | --- |
| | <応援者> | | <本人> |
| アウスメントから<br>プロジェクト構想 | 叶えたい人のなかに<br>プロジェクトの種を<br>発見する | × | 本人（自分）の叶えたい願いを可能な範囲で表現する |
| プロジェクト進行から<br>アウスメントチェック | 叶えたい「応援」の<br>組織化を通じたプロジェクトの進行 | × | 叶えたい願いが中心となったプロジェクトかを確認する |
| 次のアウスメント<br>（次の願いへ） | 新たな応援の参加者<br>との関係性を踏まえ<br>次の「願い」を共有 | × | 自分の願いの達成を<br>契機に次の参加希望<br>を見出す |

図終-5　「叶え合う」における「合うAU」の構造

## 2節　普及のための社会参加の応援レシピ

### ❶ 作成された「レシピ」が意味するもの

　第Ⅰ部においては、基本的には福祉開発のストーリーを扱うことから、その断面を切り取る「レシピ作り」には着手していません。しかし、第5章の住田さんが、市民後見人を素材にした「スナック真知子」プロジェクトのレシピ作りに挑戦してくれました。そのねらいには、他の4つの事例とはかなりテーマが異なり、制度世界の要素が多く入ることから、「制度の制約」を柔軟に越える取組みをわかりやすく紹介すること、もう1つは住田さんが本学び直し養成プログラム修了者であることから、本書での実践の振り返りをもとにしたレシピ教材の開発に協力しようとしたことがありました。

　第Ⅱ部では3人がそれぞれ異なる立場からレシピ作りに挑戦しています。3人のうちふたりは、第Ⅰ部にも登場する福祉開発マネジャーに当たります。釧路の日置さん、豊田の山口さんです。ただし、執筆内容は異なっています。日置さんは、FFPを取り上げ、その後の若者の主体的に取り組む社会参加の応援プロジェクトを、第1章を踏まえながら、自身の取組みの「振り返り」として執筆しています。その意味では、評価的な要素が盛り込まれています。「マネジャーとしての新たな気づき」を、レシピ作りを通して確認し、成果を味見しながら、自身をエンパワーする内容が記載されています。

　これに対して、山口さんは、第4章のとよた多世代参加支援プロジェクトとは直接関係のない、彼が所属している（株）SMAIRINGが構想している「スープなまちづくり」に関連した内容の「振り返り」です。ただし、3つの目の「トヨタに負けないハイブリッドワーク」は、実践途上であってやや仮説的なレシピの設定となっています。ただし、それぞれの「材料」において登場する人材など、直接的につながっている訳ではない取組みが、料理上のコツにおいては、共通するものが見えてきています。つまり、図序-3のABCでいえば、Cに含まれるミッションのもとに、レシピにおける味つけのコツが似ていることが明確になっているのです。「振り返り」の1つの効果として、評価的というよりは、背景にある制度福祉の制約を民間サイドから乗り越えるプロジェクト開発の原点についての確信とでもいえる気づきです。レシピのように記述するアプローチの結果、なぜ、それが見えやすくなってくるのでしょうか。レシピ作りを普及させるうえでは、答えを探す必要があります。

　さて、もう一人の丸山健太さん（第7章2節）は、先の住田さんと同期に学び直し養成プログラムを修了された方で、福祉開発をめざす立場から、地域医療センターのケアマネジャーとは直接関係のない実家のある8世帯21人が暮らす清水地区の「里山整備」を、本プログラムでの学びを生かす実践として捉えてもらいました。タイトルが示すように「自然な味つけ」のもとに、4つのレシピ作りを試みています。レシピ作りという作業の振り返り

での「自分の変化」の気づきとして、次の3点を記述しています。「自分が地域住民に変化し、溶け込んでいくプロセス」「自分自身の物事を捉える幅が広がっていく」、「自分自身がこんなにも物語をもった人々に囲まれ、支えられ、ケアされている」。本書の第Ⅰ部では全く登場しない無給のタイプで、「福祉開発マネジャーをめざす人」に該当するといえます。

## ❷ 「学び直し」のフィールドワーク・レシピ作り・課題研究

　序章でもふれましたが、第10期の学び直しのプログラムにおいては、「レシピ作り」による課題研究が取り組まれています。本書が福祉開発マネジャーをめざす人の教材を想定して執筆している作業とも重なり、模索している「レシピ作り」を先行して課題研究に採用を試みた結果です。とくに、わかりやすい山口さんの「スープなまち・ハイブリッドな人材づくりレシピ」を活用して、演習を進めました。好評でさっそく取り入れた履修生が3名いました。レシピ作りの受け止めには、この豊田市松平地区の完成間近の「スープタウン」の場（写真終-1）で2024年11月に、フィールドワークの授業を行ったことが影響しています。つまり、第Ⅰ部の福祉開発のストーリーにある、とよた多世代参加支援プロジェクトと、第Ⅱ部のスープなまちづくりを一体的に学んだということです。

　福祉開発マネジャー養成プログラムにおける学びの順序は、フィールドワークでの福祉開発のストーリー性のある実践を学び、さらにオンラインでの「レシピ作り」学習をとおして、ストーリーのなかから切り取られたプロジェクトにおける料理人であるマネジャーの極秘の「味付け」を知るという関係によって効果的となりました。ちなみに、2023年度の豊田市フィールドワークは、スナック「かなかな」が開催されているスマイリングキッチンLABOで実施されました（写真終-2）。残念ながら、今年度のように、その後にレシピが紹介される関係には至りませんでした。

## ❸ 東近江市でのフィールドワーク型研修へのレシピ作りの活用

　フィールドワークとレシピの関係を踏まえて、2025年2月の東近江市での「フィールドワーク型職員研修」では、図終-6のような研修に「レシピ作り」を採用しています。2023年度に行った現地でのフィールドワーク型研修のストーリー（野々村さんの募金活動も含ま

写真終-1　「スープタウン」での演習風景
　　　　　（2024年11月）

写真終-2　スマイリングキッチンLABOでの
　　　　　フィールドワークの様子

れる)から「難病応援センターの地域交流プロジェクト」を切り取り、レシピで描写すると、どのような「材料」となるのか、見本のレシピとして、ケアスナック「かなかな」プロジェクト(P.120)を紹介したうえでワークショップを行います。次年度は、自らのレシピ作りを持ち寄り、味自慢を行うという仕かけとしました。

レシピ:ケアスナック「かなかな」プロジェクトの解剖(今年度)は、次の3つの段階で進みます。

### (1) 切り取っている「プロジェクト」の背景(前提)と成果
① 過疎地で介護事業を運営する会社の多様な取組み(ストーリー)の1つであり、障害者やスタッフが働きがいのある事業をめざす就労継続支援B型の「スマイリングキッチンLABO」を活用して運営
② 働きがいがある職員が、持ち込まれた地域課題の「ひきこもりがちな独居男性高齢者」への対応として、「スナック大作戦」を企画
③ 訪問看護を担当していた看護師等がママを勝って出ることで実現
④ 2人だったママ役が口コミで広がり、地域住民や他の法人事業者からの応募もあって、お客さんとママが同じ数に

### (2) レシピの基本的な要素:①材料の選択・分量と②料理上のコツ
① 材料の選択・分量

- ☑ 地域課題に気づく専門職 　　　　➡ 2名
- ☑ 素直じゃない独居高齢男性 　　　➡ 数名
- ☑ 「すぐそばの実現」好きのシェフ　➡ ソーシャルクリエイト部のメンバー
- ☑ 「世話好きなママさん役 　　　　　➡ 看護師等2名
- ☑ オードブルで盛り上げる店長 　　➡ 就労継続支援B型のスタッフ1名

② 料理のコツ
　　つながりを求めつつも、素直になれない男性高齢者のプライドを「スナックのマ

| レシピ作りの方法研修<br>□レシピ教材の解剖 | ➡ | フィールドワーク型研修の振り返り<br>□レシピで描写する | ➡ | 自分の、チームのレシピ作りのもちより研修<br>□レシピの味自慢 |
|---|---|---|---|---|
| ケアスナック「かなかな」プロジェクトの解剖(今年度) | | 難病応援センターの地域説明交流プロジェクト(前年度)を素材 | | 次年度の研修プログラム |

図終-6　東近江市でのフィールドワーク型研修の新たなステップ

マ」というスパイスで溶かしていくことで、コミュニティへの参加動機が盛り上がります。スナック、ママ、お酒という制度から一歩外れた具材の組み合わせを、丁寧に鍋に入れ、具材が温まるまで月一回、じっくりコトコト煮込んでいくことで、高齢男性が次第に柔らかくなり、コミュニティにいい味が出てきます。

　レシピ作りで紹介されている原文を活用し、下線のある形容している表現を取り出します。登場人物等の状況や関係性も、さまざまな形容によって明確となります。形容の例で注目しておきたいのは、「地域課題に気づく」「すぐそばの実現好き」「制度から一歩外れた」です。福祉開発マネジャーが注目しておくポイントで、身近に感じる表現を深めます。

### (3) 成果（味見）の捉え方：次のプロジェクトへの示唆

　レシピそのものにはあらわれないのですが、自前のレシピで作った料理の味見をした「結果」の評価が解説の部分にあらわれます。ここでは、「2人だったママ役が口コミで広がり地域住民や他の法人事業者からの応募もあって、お客さんとママが同じ数に」に注目しました。男性独居高齢者に注目が行きがちですが、「地域の応援団づくり」が福祉開発のテーマでもあります。この成果の背景にも注目します。

　レシピ作りは一般的には、実践の「振り返り」に活用するものです。その意味では、レシピ作りの「背景（前提）」や「基本的な要素」を記述する内容で、振り返りの深さがあらわれます。先の材料や登場人物はある種の「地域のアセスメント」の結果が見えてきます。当時のアセスメントを評価的に捉える機会ともなり、次の実践への示唆（「料理上のコツ」にあらわれます）を得ることにつながります。その際には、社会参加の応援という文脈のなかでのアセスメントですので、「つながりを求めつつも、素直になれない男性高齢者」という状況の人が、ほかにもいないかという示唆となります。

### (4) 「レシピ作り」の持ち寄り

　(3)で示した成果（味見）を評価的になり過ぎないで、「味自慢」のような雰囲気をどのように作り出すのでしょうか。これは、プロジェクト評価のあり方に深く関わっています。自治体行政を取り巻く「事業評価」の圧力が高まるなかで、自由裁量性を高く期待する、制度の制約を越えるようなプロジェクトをどのように評価し、成果を説明するのか、新たな政策環境のもとで重要な研修課題ともいえます。重層的支援体制整備事業における「福祉部署内の横断化はもとより、福祉部署を超えた横断化」の推進、「民の新たな取組みを踏まえた官民協働」への挑戦などを視野に入れた研修として、フィールドワーク型を取り入れ、その自由裁量の表われを「レシピ作り」の材料や料理上のコツのなかで、評価しようとしています。しかし、職員にとっては、アウトプットやアウトカムの指標に基づく評価が求められているなかで、「レシピ作り」のやわらかさへの共感が高まるとしても、評価文化が浸透する

なかでは必ずしも積極的に取組み、評価につながる作業として位置づけるのは困難といえます。この点を視野に、「プログラム（プロジェクト）評価」と「レシピ作り」の関係を別途整理しておきます。

## 3節　社会参加の応援プロジェクトの評価をどう進めるのか

### ❶「ロジックモデル」から「レシピ作り」へ

　評価の指標化等の圧力による弊害として、測定を求められている実績に労力を割くことで目標がずれたり、実験的なイノベーションが阻害されたりする危険性の指摘がみられます（ミューラー, J.Z.：172-174）。そこで指摘されている「実験的なイノベーション」は、ここでいう自由裁量的な思考によってもたらされる福祉開発のプロジェクトと理解すると、実験的で仮説的な思考の形成が評価において保持されることが必要と判断できます。

　新たな評価の動向として、個別的な対応ではなく、多様な主体が集合的な協働行動をとることで、社会的な課題を解決しようとする「コレクティブ・インパクト」が注目されています。その社会実装の手順を意味するフェーズ（ⅰ. 活動の立ち上げ、ⅱ. インパクトに向けた組織化、ⅲ. 活動とインパクトを持続させる）のⅱでは、多様な主体が参加することから、詳細な計画やフレームワークを盛り込むのではなく、臨機応変に対応するなかで、目標達成できる道筋を示した暫定的な仮説を用意することが強調されています（SSIR Japan：65-66。傍点は筆者）。福祉開発マネジャーにおいては、地域の多様な応援団を組織することから、実験的なプロジェクトにおいて仮説的な思考が必要であり、第Ⅰ部では、そのような思考様式にふれてきました。

　たとえば、「フレームフリープロジェクト」（第1章）という表現は、既存のフレームに当てはめないという点で、「仮説的な思考」を促進することをめざした「研究活動」でした。また、第5章の「自律的運営プロジェクト」も成年後見制度の利用促進を計画する場にあって、権利擁護支援センターの自由度を高め、地域の多様な主体との合意形成をめざし本人中心とした制度運用を図るための条件整備の戦略をめざしたのです。図終-4に紹介した「生きづらさをかかえる人のつながりづくり」をめざしたプロジェクトでは、その枠組みとして「手を握る」「手を握り続ける」「地域につなげる」といった独自概念のもとにプロジェクト（プログラム）の運用方法によって、どのように「参加者の変化」を生み出すかを示す「ロジックモデル」への接近を図っています。

　「ロジックモデル」は、プログラム全体の機能やオペレーションの論理（作用のロジック）を一定のルールに従ってモデル化したものです。プログラムの機能をモデリングする方法には、決まったルールが存在するわけではないことから、プログラムのエッセンスさえ壊さな

図終-7　ロジックモデルのルールに対応したレシピ作り

ければ、クリエイティブになればなるほど、よりよいロジックモデルができます。そして、プログラムにおける要因間のロジックは、「真」ではなく、「仮説」であってかまわないといわれています（安田節之、P.105〜106）。

そのようなロジックモデルの整理に従ってレシピ作りを位置づけた図終-7では、やわらかさの効用のみでないレシピ作りの意義が見えてきます。レシピに変換することで、行政職員も市民感覚で捉えることができ、当事者・市民も参加しやすい評価活動となります。その結果、ボトムアップでの議論が実現できます。評価活動の場のマネジメントにおいても、自由で気楽な場の雰囲気を作り出すことができます。「レシピ作り」への共感は、新たな評価の文化、さらには創作レシピ作りにみられる実験的・仮説的なアプローチが身につくことにつながります。

## ❷ 関係性の評価への挑戦 ── 当事者ならではの料理法

研修の現場とは異なって、福祉開発マネジャーの現場での評価において、レシピ作りの有効性はどうでしょうか。福祉開発マネジャーの仮説的な発想のなかに、レシピ作りを生かせるのか、について最後にふれておきます。中村さんが2024年度から3年間で取り組んでいる「じじっか」主催の「3分の1生活プロジェクト」では、「コレクティブ・インパクト」による評価が求められています。申請書に示された「3分の1生活プロジェクト」におけるロジック（モデル）を示す図を、終図-8に示しておきます。

同プロジェクトの意味する内容については、第3章の1節に余白を作る人生プロジェクトとしての「3分の1生活」アクションを紹介しています。そのアクションの構造を、要因（アクセス・アプローチ・アセスメント）間のロジックとして仮説的に描いたものと捉えられます。

3つの要因は、図終-7のアクティビティ（活動）を構成しており、それぞれの課題をどのように料理するのかのコツが問われることになります。その3つの種類の料理が組み合わさった本格的なコースをめざしたプロジェクトともいえます。まず、3種類のレシピ作りが存在するとともに、それらがコースメニューとして関係しあっていなければなりません。それが、図のベクトルとして表現されています。

3つの料理の名前を仮に、アクセス料理、アプローチ料理、アセスメント料理とすると、それぞれの吹き出しとして表現されているのがインプットに当たる材料を示します。偶然で

すが、アプローチ料理には「支え合いメニュー作戦」といった比喩が用いられています。「当事者同士の会議」で出た案を支え合える仕組みとして当事者間で作り、日常に活かし合っているという作戦です。吹き出しにはないのですが、「当事者同士での支え合う仕組みの構築のために足りない力を他機関等に協力し連携し合っている」というアウトプットも期待されています。その意味では、「協力的な」といったような形容ができる「他機関のメンバー」が材料のなかに確保される必要があります。

アセスメント料理では、「本人の意思シート」が持ち味を出すために重要な具材となります。第3章の「ひんこんぴんぽん」で紹介した発想の具体化がなされています。自分の「根付いた貧しさ」を見つけよう！のもとにマップ（図終-9）を作成する作業が実施される想定です。この作業は、吹き出しの「対話の時間」を確保するためでもあり、中村さん流の表現でもある「0.5 mmの隙間を見つけ出す」ワークショップとなっています。

アクセス料理では、じじっかが実施している「毎週金土日曜日の居場所の開放」が材料となり、その支援が届いていない家庭への「紹介」も材料となります。またそれら世帯への対応を工夫するために、「親子食堂の実施」を個別な支援として構想するといったことが、仮説的な材料といえます。

「コレクティブ・インパクト」のフェーズのiiにおける臨機応変に対応する暫定的な仮説に該当しています。それを踏まえると、中村さんの「3分の1生活循環」というプロジェ

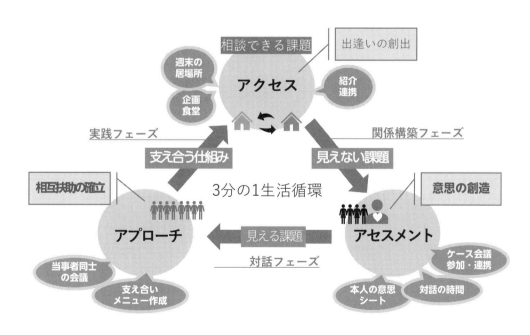

図終-8 「3分の1生活プロジェクト」の循環のロジック

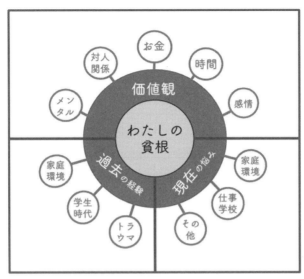

図終-9 「根付いた貧しさ」を見つけようシート

クトにおける3つの料理の材料の選択は、文字どおり創作料理の味つけの手順となっています。

　アセスメント料理の材料とした本人自身が向き合えるシート（わたしの貧根）や、アクセス料理の「親子食堂の実施」の個別的対応、アプローチ料理の「支え合いメニュー作戦」など、今後の臨機応変な対応が期待される提案です。これらすべては、中村さんの「解決より関係性」「課題より可能性」を達成する仮説のもとに組み立てられています。それは評価にまず求められる「見える化」よりもプロジェクトが求められているストーリー性の「話せる化」として注目できるものです。個々のレシピのなかで、当事者参加という関係性を築き、自らの解決に手応えを得る可能性をわかりやすい材料や料理上の方法として示されていることに気づきます。つまり、評価活動におけるレシピへの変換は、「見える化」からの当事者や応援団の参加のもとでの「話せる化」への転換を意味しているといえます。それは、第Ⅰ部のなかで一貫して主張されてきた「プロジェクトと日常活動との連続性」に通じる思考様式の提案といえます。

　第Ⅰ部と第Ⅱ部がセットで、教材のなかに配置された意義にたどりついたようです。以上の3つの節によって、福祉開発マネジャーからの学びの整理とレシピ作りの普及の意義を解説できたように思います。

**参考文献**

ミューラー，J.Z.／松本裕訳（2019）『測りすぎ－なぜパフォーマンス評価は失敗するのか？』みすず書房

SSIR Japan[スタンフォード・ソーシャルイノベーション・レビュー日本版]（2023）『コレクティブ・インパクトの新潮流と社会実装』Vol.04

安田節之（2011）『プログラム評価－対人・コミュニティ援助の質を高めるために』新曜社

# あとがき

## 「あう」ことではじまる、対話

　あとがきは、本を執筆する際の最大の楽しみです。これまでの学術書のあとがきとは違って、自由な気持ちで書きたいと思います。

　本書は、「福祉開発マネジャー」とこちらの都合で名づけたマネジャーたちと、編者平野との「対話」で成立したものです。対象としたマネジャーは6人で、それぞれとの対話は、長い人とで20年に及び、短い人でも5年の経過があります。今回の執筆に当たってオンラインも含め集中的な「対話」をお願いしました。いずれにしても対話なので、「対談」のように会って話した内容が、そのまま本にあらわれる形式とはなっていません。本心からすると「対談」を載せることも考えればよかったという後悔も少なからずあります。

　対談形式で好きな本の1つが、沢木耕太郎さんのSESSIONSのシリーズです。なかでも『達人、かく語りき　あう』（岩波書店）は、SESSIONS Ⅰであるとともに、本書の「あう（AU）」と重なっていて、紹介したくなったのです。あとがきで沢木さんは、その「あう」について、次のように解説しています。

　　　対談における二人の関係は、一方向ではなく双方向であり、「対等」であるということになる。私は、この対談というものを、永く、二人が「対等」に話すものと理解していた。……「対等」に話し合うものという呪縛から解き放たれなかった。
　　　……会う。逢う。遇う。遭う。
　　　それがどのような「あう」でも、人と人との関わりはその「あう」ことからしか始まらない。大事なことは「あう」ということだったのだ。……
　　　対等に話すことができなくとも、ただ相手の話を聞くだけでもいいのではないか、そう思えるようになるまでには、まだ何年かが必要だった。
　　　あるがままの自分がひとりと会い、あるがままにそのひとりと話をすればいい。早くそれに気がついていたら、もっと多くの魅力的な人と対談できていただろう。
　　　だが一方で、対等にという気負いも私にとって必要だったと思えなくもない。その気負いが自分以上の自分になろうと必死に背伸びをさせてくれていた。

　マネジャーたちと「あう」ことで、対談ではないにしても「対話」によって、各5つの章は興味深いセッションとなっているのではないかと、内心自負しています。

　福祉開発マネジャーとの「あう」は、表が示すように、筆者の地域福祉研究の系譜と国際開発との融合研究（▶）の系譜の書籍におけるフィールドワークのなかで出逢いが叶っています。結果的には、テーマが独自な住田さんを除けば、出会った時間軸で第Ⅰ部が構成されていることにも気づかされます。

今回の本書によって日置さん以外の地域福祉研究の系譜に位置していたマネジャーたちを、制度アプローチを越える「地域共生の開発福祉」に引き寄せて、そのプロジェクト開発を論じたことになります。福祉開発マネジャーと呼ぶことも含めて、対話のなかでの異論はなかったように思います。

| | | |
|---|---|---|
| 2008 | 地域福祉推進の理論と方法 | |
| 2010 | 地域福祉の展開（放送大学） | 日置さん |
| 2013 | ▶福祉社会の開発―場の形成と支援ワーク | 日置さん |
| 2014 | 地域福祉の展開（放送大学改訂版） | 野々村さん |
| 2017 | ▶地域共生の開発福祉 ― 制度アプローチを越えて | 日置さん |
| 2020 | 地域福祉マネジメント ― 地域福祉と包括的支援体制 | 野々村さん、住田さん |
| 2023 | 地域福祉マネジメントと評価的思考<br>― 重層的支援体制整備の方法 | 野々村さん、中村さん<br>栗本さん、山口さん |

## 背伸びさせてもらった成果

　マネジャーたちに背伸びさせてもらった成果は、序章の**3つのなぜ編**、第Ⅰ部の**ストーリー編**、第Ⅱ部の**レシピ作り編**、そして終章の**学び編**という工夫を凝らした4つのパートに分けて配置しました。序章のなぜ福祉開発マネジャー、なぜ社会参加、との投げかけに応答するような「マネジャーの社会参加の応援の実像」を第Ⅰ部に、なぜレシピを、それぞれの料理の修行歴が反映する形で第Ⅱ部に、最後の終章において、それらからの筆者なりの学びを整理しています。

　背伸びさせてもらった結果、新たに挑戦し、深めることができたのが、次の3点です。

　1つは、図序-3に示した社会参加の応援のための「福祉開発マネジメントの構造」化です。A: 社会参加のプロジェクト、B: 場、C: 組織ミッションが、D: 制度福祉の制約との関係でどのような役割を果たすのか、それらの循環をマネジャーはどのようにマネジメントしているのか、の構造です。終章では、個別的な対応を起点とするプロジェクトと、集合的な対応に向かうプロジェクトの2軸を試みました。ABCの方法を具体的に示すことができたのが、大きな成果といえます。とくにAにおいては、個別的対応での「アセスメント」、集合的対応での「振り返り・評価」が、3でふれる「レシピ作り」に、Bでの「生活世界とつながる場」と「制度世界とつながる場（プラットフォーム）」は、次の2でふれる「中間的な社会空間」につながる契機となっています。

　2つは、先の個別的・集合的な対応を含め、穂坂光彦さんが『地域共生の開発福祉』のなかで提唱した「中間的な社会空間」を、社会参加の応援プロジェクトを素材にして再整理しえたことです。穂坂さんからは、その社会空間にあって、当事者がどのようにイニシアティブを発揮し、伸びていく（development）力を手に入れることになるのか、より明確にできるとよりよい成果となるのでは、との宿題もいただいています。

　3つは、「レシピ作り」の提案です。これには、いまだ多くの課題が残っていますが、牽引して

くれた日置さんのおかげで、実践の「振り返り」の道具としてはかなり有効性があることが明確となりました。同時に、本書が新たな養成プログラムにおける教材開発とその活用方法という点では、試行錯誤を繰り返すことが必要となっています。この点は、以下にふれることにして、レシピ作りのもう1つの効用が、評価活動における応用です。終章でふれた「ロジックモデル」の作成やそれに基づく評価を、レシピ作りに置き換えて補完的に試みる方法です。対象とした民間組織にあって休眠預金をはじめ多くの外部資金や行政からの委託費の活用を行っており、それらに対する成果の説明責任のあり方が問われていることから、その作業の一環としても活用可能という判断をしています。

### レシピ作りの実験に成功

序章で解説したように福祉開発マネジャーの養成プログラムでは、「フィールドワーク」と「課題研究」との関係づけが、現場が求める実用的な養成課題となっています。本書の構成でいえば、第Ⅰ部が編集され教材化されたフィールドワークに相当し、第Ⅱ部が課題研究の見本のような役割を果たしています。また東近江市で試行しています「地域の困りごと解決に向けたフィールドワーク研修」（2024年度）のなかでは、終章の2節で提示したフィールドワーク（②フィールドワークでの学びをレシピ作りに反映）とレシピ作り（①方法の学びと③自分の振り返りへの応用）の相互関係（番号は研修の3つのステップ）を設定しました。本書の執筆と同時並行で、同研修を「レシピ作り」をテーマに実施しました（2025年2月7日）。

最後に、そのフィールドワーク型研修で試みられた新たな教材とその手応えについて、ふれておきます。この研修は第2章でも紹介しているとおり、市の福祉政策課（重層的支援体制整備事業の所管課）の予算のもとに、野々村さんをはじめ民間実践者と大学との共同で企画・運営を行っています。当初の想定に加えて、野々村さんの実践2事例をもとに、レシピ作りを行うグループワークを試みました。

その内容は、レシピ作りの有効性を再確認するものでした。1つは、写真にあるように、この間の企画会議や本番での筆者の解説をきくなかで、野々村さん自身が、その場でレシピ作りに挑戦していることでした。つまり福祉開発マネジャーにとっても、新鮮にレシピ作りに取り組めるということが証明されました。

2つは、すでにレシピ作りの方法を解説するなかで、「材料」として何を選ぶか、どのように形容するかで、作成者の「地域のアセスメント」の水準が明確にあると指摘してきましたが、野々村さんのレベルの高さが明らかとなるとともに、その機能がレシピ作りに含まれていることが確認されました。その具体例として象徴的なものが、調理道具として「ガスコンロ3台」という形容でした。提供されている事例の1つには、「誰にも頼りたくないタカシさん：

レシピ用紙に必死で記入する野々村さん

家族の重いドアを開ける」とタイトルがついています。つまり、タカシさんでもなく、家族への働きかけでもなく、家族との関わりのある3名の他者への働きかけのために別々のガスコンロが必要ということの示唆です。これまでのレシピ作りでは、ガスコンロは1つで、鍋も1つでの料理を想定していました。大きな気づきとなりました。まだまだ気づきを伝えたいのですが、あとがきの制約で仕方のない状況です。「地域の応援」の構造として、「手を握る・手を握り続ける・地域につなげる」の3段論法のようなロジックに立脚するからこその料理名人なのでしょう。

本書が新たに福祉開発マネジャーをめざす人に役立つことを願うとともに、新たな養成プロジェクトにも挑戦したいと思います。

## 執筆分担と協力者への謝辞

本書の分担執筆を一覧にして示しておきます。なお、第1章～第5章は基本的には平野が執筆しましたが、執筆協力を得た節等については、以下に示しておきます（敬称略）。

序章、第Ⅰ部第1章～第5章、終章　あとがき　平野隆之
第Ⅱ部　第6章 日置真世　第7章1節 山口達也　2節 丸山健太
執筆協力　第1章1節、おわりに　日置真世
　　　　　第2章1節　野々村光子
　　　　　第3章1節　中村路子
　　　　　第4章3節、おわりに　栗本浩一
　　　　　第5章1節、おわりに　住田敦子

5つのフィールドのマネジャーさんおよび丸山健太さんには、執筆と校正の両方で大変お世話となりました。改めて感謝申し上げます。

今回は3名の方からイラストを提供していただきました。中村路子さん（第3章）、山口達也さん（第7章1節）、水本三夏さん（第7章2節）にお礼を申し上げます。また、短期間での執筆と校正作業となったことから、多くの方にご協力をいただきました。本書の構想から校正を含む編集までにおいて、穂坂光彦さん、吉村輝彦さん、同志社大学の永田祐さん、国立がん研究センターの山崎まどかさんから貴重なご意見と修正のご指摘をいただきました。お礼を申し上げます。

なお、本書は、JSPS科研費22K02019（代表吉村輝彦）に基づく研究の成果の一部です。

最後に、出版・編集の労をとっていただいた七七舎の北川郁子さん、森祐子さんのお二人に感謝申し上げます。時間がないなかでの大変な作業をお願いしました。

# 索引

## A
AU-CASE プロジェクト……………………………68
AU-formal………………………………………………63
AU-formal プロジェクト………………………134
AU シート……………………………………………70

## C
CLC………………………………………………………16

## D
develop…………………………………10, 18, 136, 151

## F
FFP（フレームフリープロジェクト）………134, 140

## P
P 会員……………………………………………81, 85

## T
TEAM CHAKKA……………………………………50, 52
Team KonQ……………………………………………50
Team 困救…………………………………………51, 54, 61
Team Norishiro……………………………51, 53, 61, 134

## W
WORK!DIVERSITY 実証化モデル事業…………79

## あ
アイテム………………………………44, 47, 51, 56, 58
アウスメント………………………………75, 87, 140, 147
アウトカム……………………………………………43, 146
アクションリスト……………………………………12
アセスメント…………………………………75, 84, 85, 136, 137

## い
意思形成………………………………………………99, 109
意思決定支援……………………………………99, 108, 137
意思実現………………………………………………99
意思表明………………………………………………110, 108
糸編人生………………………………………………122

## お
応援団………………………44, 52, 55, 58, 96, 135, 139, 145
尾張東部権利擁護支援センター……………………95

## か
解決より関係性………………………………………62
外国人高齢者…………………………………………89
外在化…………………………………………………140
開発（develop）………………………………………18
開発福祉………………………………………………10
関わりしろ（シロ）……………………51, 54, 67, 72
かけ合わせ……………………………………………63, 88
仮説………………………………………………88, 145, 146
課題研究……………………………………11, 22, 120, 142
課題持ち寄りの会議……………………………86, 138
課題より可能性…………………………………68, 137, 148
叶え合う参加支援プロジェクト……………………140
叶え合う支援…………………………………………67, 69
叶え合うまち…………………………………………16
関係性……………………………………………………28, 146
関係・流入人口………………………………………130
官民協働……………………………………19, 60, 67, 83
官民協働プラットフォーム…………………………59

## き
起業家型組織…………………………………………15
企業の困りごと………………………………………52
休眠預金………………………………………………58, 138
協議の場………………………………………………18, 27
共同受注窓口…………………………………………87
共同体事業……………………………………………60
切り取らない…………………………………55, 59, 137

## く
栗本浩一………………………………………………14, 78
久留米 AU-formal 実行委員会……………………71
久留米ガスの企業教室………………………………74
久留米市………………………………………………67

## け
ケアスナック「かなかな」…………………………120
研究活動………………………………………………41, 113

| 権利擁護支援センター | 101 |

## こ

| | |
|---|---|
| 合意形成 | 17, 97 |
| 講師派遣 | 41, 113 |
| コーディネート機能 | 103 |
| ごちゃまぜ世界 | 57 |
| 孤独・孤立対策推進法 | 121 |
| コミュニティデザイナー | 122 |
| コミュニティハウス | 115 |
| コミュニティハウス冬月荘 | 31 |
| コミュニティホーム | 114, 115 |
| コレクティブ・インパクト | 145, 146 |
| コロナ禍 | 51, 56 |
| コンソーシアム | 63 |

## さ

| | |
|---|---|
| 里山整備 | 125 |
| 参画空間 | 73 |
| 参加型の評価活動 | 138 |
| 参加支援事業 | 16, 60, 73, 78, 83 |
| 3分の1生活プロジェクト | 146 |
| 三方よし | 130 |

## し

| | |
|---|---|
| 支援者支援 | 55, 139 |
| 事業の社会化 | 30 |
| じじっか | 63, 64 |
| 自主事業 | 30 |
| 自治会活動 | 125 |
| 実験プロジェクト | 51, 52 |
| 「死にたい」の取扱説明書（トリセツ） | 117 |
| 市民活動 | 42, 137 |
| 市民後見推進事業 | 106 |
| 市民後見人 | 135 |
| 社会参加の応援 | 17, 96, 136 |
| 社会的処方 | 121 |
| 社会的排除 | 32 |
| 社会的包摂 | 33 |
| 就業・生活支援センター | 44, 72 |
| 重層的支援会議 | 68, 71 |
| 重層的支援体制整備事業 | 10, 59, 67, 78 |
| 重層的支援体制整備事業実施計画 | 59 |
| 重層的な支援体制の構築を考える会 | 68, 69 |
| 就労継続支援B型事業所 | 121 |

| | |
|---|---|
| 主要な社会参加の欠如 | 32 |
| 障害者手帳 | 61 |
| 省察的認識 | 104 |
| 女子会活動 | 63 |
| 自立支援プログラム | 39 |
| 自立援助ホーム | 115 |
| シルバー人材センター事業 | 89 |
| 事例検討会 | 40 |
| 人権・権利擁護 | 137 |
| 進行管理 | 60, 107 |
| 身上保護 | 107 |
| 親密関係 | 33 |
| 人材養成 | 87 |

## す

| | |
|---|---|
| スープタウン | 92, 142 |
| スープな会議 | 122 |
| スープなまちづくり | 92 |
| すぐそばの実現 | 17, 26, 28, 67, 120 |
| ステージ | 45, 47 |
| ストーリー | 11, 12, 21, 61 |
| ストーリーとしての競争戦略 | 12 |
| 「スナック真知子」プロジェクト | 96, 135 |
| 住田敦子 | 14, 95 |

## せ

| | |
|---|---|
| 生活拠点の形成 | 33, 43 |
| 生活困窮者自立支援事業 | 83 |
| 生活支援 | 37, 60, 106, 114, 137 |
| 生活世界とつながる場 | 136 |
| 生活当事者 | 27, 33, 38, 113, 137 |
| 生活保護 | 35 |
| 制度世界 | 57 |
| 制度世界とつながる場 | 138 |
| 制度福祉の制約 | 18, 134, 136, 151 |
| 青年会議所 | 90 |
| 成年後見制度利用促進計画 | 102 |
| 積極行動 | 42 |
| 戦略的（な）マネジメント | 66, 104 |

## そ

| | |
|---|---|
| 総合（綜合）化 | 12, 14, 42 |
| 相互自己実現 | 39, 43 |
| 創作レシピ | 96 |
| 相談支援包括化推進員 | 76 |

| 組織ミッション……………………18, 33, 102

## た

| 大学院学び直し…………………………10
| 第三の大人………………………………50
| 第三の主体………………………………74
| 体制整備のコスト……………………138
| 代弁活動………………………99, 103, 104
| 多機関協働事業……………………71, 76
| 多機能拠点………………………………31
| たまり場システム………………28, 138
| 誰かの場……………………………51, 56
| 誰も損をしていない…………………124
| 探求の場…………………………………41

## ち

| 地域（の）アセスメント……………20, 152
| 地域おこし協力隊……………………129
| 地域経済への参加………………………10
| 地域の応援……………16, 44, 49, 50, 55, 61
| 地域の応援団づくり…………………144
| 地域の困りごと……………45, 48, 88, 134
| 地域の参加…………………………77, 135
| 地域福祉課………………………………67
| 地域福祉研究…………………………150
| 地域福祉コーディネーター……………36
| 地域福祉とまちづくりの協働…………47
| 地域福祉の展開……………………32, 47
| 地域福祉マネジメント……………10, 151
| 地域福祉ロマン……………………67, 68
| 地域包括支援センター………………121
| 地域連携ネットワーク………………101
| 着火プロジェクト………………………53
| 中核機関………………………………101
| 中間的な社会空間………………54, 135, 151
| 中山間地………………………………124

## つ

| ツテ………………………………………70
| つぶやき……………………………30, 88
| つらチェック…………………………118

## て

| デザイン事業………………………68, 69, 73

## と

| 冬月荘プロジェクト………………34, 134
| 当事者参加………………27, 38, 60, 148
| 当事者主導・参加……………………136
| 当事者の自己実現………………………93
| 当事者文化………………………………64
| 共に生きる………………………………49
| 豊田市……………………………………83
| とよた多世代参加支援プロジェクト……78, 134

## な

| 中村路子………………………14, 16, 62
| 難病応援センター………………16, 57, 143

## に

| 2車線道路…………………………………72
| 日常活動………………18, 41, 87 113, 116, 149
| 日常活動とつながるアセスメント……136
| 日常生活自立支援事業…………………106
| 日本版コミュニティケア………………15

## の

| 野々村光子……………………14, 16, 44
| ノリシロ…………………………………54

## は

| ハイブリッドワーク…………………123
| 場・活動・関係…………………………56
| 波及の芽……………………………17, 135
| 働き・暮らし応援センター…………44, 50
| 働きもん………………………44, 46, 55
| 発展（develop）………………10, 18, 136
| 話せる化………………………………148
| 場のマネジメント…………27, 37, 57, 104, 146
| ハンドブック……………………………39

## ひ

| 日置真世……………………14, 15, 20, 112
| 東近江三方よし基金……………………139
| 東近江市………………………………142
| ひきこもり……………………85, 116, 121
| 非日常………………………18, 41, 137, 140
| ひんこんぴんぽん………………62, 64, 148

## ふ

- フィードバック……………………18, 85, 90, 137, 139
- フィードバック研究会………………………30, 38, 113
- フィールドワーク……………………………10, 12, 142, 150
- フィールドワーク型研修……………………………58, 142
- 複合的な不利……………………………………………32
- 福祉開発…………………………………………10, 12
- 福祉開発マネジメントの構造……………………18, 135
- 福祉開発マネジャー………………10, 15, 17, 146, 152
- 福祉総合相談課…………………………………………79
- 複線的な支援……………………………………83, 84
- 不確かな帰属……………………………………………32
- 負のスパイラル………………………………………119
- プラットフォーム………18, 41, 60, 68, 81, 84, 138
- ブランディング効果……………………………………92
- 振り返り…………………………………13, 33, 37, 133
- フレームフリープロジェクト………………………112
- プロジェクト………………………………17, 21, 27
- プロジェクト会員（P 会員）…………81, 82, 86, 91
- プロジェクト型組織……………………………………15

## ほ

- 放火魔の物語……………………………………………45
- 法人理念遂行……………………………95, 99, 103, 104
- 法定雇用率……………………………………………90
- 穂坂光彦…………………………………………10, 151
- ポータルサイト「死にトリ」………………………117
- 本人の困りごと……………………………45, 48, 88, 134

## ま

- マインド勉強会…………………………………55, 139
- 巻き込まれ力……………………………………57, 61
- 巻き込み力……………………………………………57
- 薪割りプロジェクト……………………………46, 48, 134
- まちのわかいぎ…………………………………………59
- マネジャーの思考様式…………………………13, 137
- マネジャーの実像……………………………………13
- 丸山健太………………………………………22, 125

## み

- 見える化…………………………………………56, 93, 148
- 身寄りのない人の支援研究プロジェクト…………105
- 民間事業所派遣………………………………………80
- ミンツバーグ……………………………………13, 14, 62
- 民民協働…………………………………………69, 93, 138

## も

- モデル事業……………………………………………27, 30
- 物語………………………………………45, 49, 52, 61, 133

## や

- 山口達也…………………………………………14, 78, 120

## ゆ

- ゆたかに生きる権利をまもる………………………102

## よ

- ヨガ教室………………………………………………128
- 余白づくり（余白をつくる）……………………65, 76
- 4車線……………………………………………………84

## り

- 理解あふれる助成団体……………………………112, 138
- 理想と現実のギャップ………………………………119
- リンクワーカー………………………………………123

## れ

- レシピ……………………………………………20, 21
- レシピ作り……………………………20, 141, 142, 144

## ろ

- ロジックモデル………………………………145, 146

## わ

- ワクワク………………………………………………127
- ワークショップ……………………………86, 143, 147

## 編者紹介

### 平野　隆之（ひらの　たかゆき）

1955 年大阪府に生まれる。大阪市立大学商学部卒業。
大阪市立大学大学院生活科学研究科後期博士課程単位取得退学。

現在　日本福祉大学大学院特任教授。博士（社会福祉学）。
　　　NPO 法人全国コミュニティライフサポートセンター理事。


主著

『共生ケアの営みと支援－富山型「このゆびとーまれ」調査から』（共編著、CLC、2004 年）
『地域福祉推進の理論と方法』（有斐閣、2008 年）
『地域福祉の展開（改訂版)』（共著、放送大学教育振興会、2014 年）
『福祉社会の開発－場の形成と支援ワーク』（共編著、ミネルヴァ書房、2013 年）
『地域共生の開発福祉－制度アプローチを越えて』（共著、ミネルヴァ書房、2017 年）
『権利擁護がわかる意思決定支援－法と福祉の協働』（共編著、ミネルヴァ書房、2018 年）
『地域福祉マネジメント－地域福祉と包括的支援体制』（有斐閣、2020 年）
『地域福祉マネジメントと評価的思考－重層的支援体制整備の方法』（有斐閣、2023 年）

福祉開発マネジャーは何を開発しているのか
社会参加の応援レシピ

| 発行日 | 2025年3月15日 初版第1刷 |

**編著者** 平野隆之

**発　行**　全国コミュニティライフサポートセンター（CLC）
　　　　　〒981-0932 宮城県仙台市青葉区木町16-30　シンエイ木町ビル1F
　　　　　TEL 022-727-8730　FAX 022-727-8737
　　　　　http://www.clc-japan.com/

編集協力・制作 七七舎／装幀 小林茂男／印刷 モリモト印刷株式会社

ISBN978-4-904874-78-3